प्रेमचन्द

जन्म : 31 जुलाई, 1880; बनारस के पास लमही नामक गाँव में।

प्रारम्भिक पढ़ाई गाँव के एक मकतब में। फिर बनारस से मैट्रिक। 1899 में अध्यापन से जीविकोपार्जन की शुरुआत। नौकरी करते हुए प्राइवेट स्तर पर बी.ए.। गहन स्वाध्याय। सरकारी नौकरी। स्कूलों के सब-डिप्टी इंस्पेक्टर भी रहे। 1920 में महात्मा गांधी के आह्वान पर सरकारी नौकरी से इस्तीफा। लेखन के द्वारा पूरी तरह राष्ट्रसेवा में संलग्न। 1934 में कुछ दिनों के लिए बम्बई में फिल्म-कथाकार के नाते काम। 'मर्यादा', 'माधुरी', 'हंस' और 'जागरण' आदि अनेक पत्र-पत्रिकाओं का सम्पादन। 1936 में 'प्रगतिशील लेखक संघ' के प्रथम अधिवेशन की अध्यक्षता।

लेखन की शुरुआत उर्दू में, पर शीघ्र ही हिन्दी में लिखने लगे। वस्तुत: दोनों ही भाषाओं के साहित्य में गौरवपूर्ण स्थान प्राप्त।

कृतियाँ—'सेवासदन', 'निर्मला', 'रंगभूमि', 'गबन', 'कायाकल्प', 'प्रेमाश्रम', 'गोदान' आदि विश्वविख्यात उपन्यास तथा लगभग 300 कहानियाँ। निबन्ध, नाटक, आलोचनाएँ भी लिखीं।

महीनों जलोदर रोग से ग्रस्त रहकर 8 अक्तूबर, 1936 को बनारस में देहावसान।

प्रेमचन्द

प्रतिनिधि कहानियाँ

सम्पादक
भीष्म साहनी

राजकमल पेपरबैक्स

राजकमल पेपरबैक्स में
पहला संस्करण : 1987
उन्नीसवाँ संस्करण : 2025

© राजकमल प्रकाशन प्रा.लि.

राजकमल पेपरबैक्स : उत्कृष्ट साहित्य के जनसुलभ संस्करण

राजकमल प्रकाशन प्रा.लि.
1-बी, नेताजी सुभाष मार्ग, दरियागंज
नई दिल्ली-110 002
द्वारा प्रकाशित

शाखाएँ : अशोक राजपथ, साइंस कॉलेज के सामने, पटना-800 006
पहली मंजिल, दरबारी बिल्डिंग, महात्मा गांधी मार्ग, प्रयागराज-211 001
1, अनमोल सोराबजी सन्तुक लेन, धोबी तलाव, मरीन लाइंस, मुम्बई-400 002

वेबसाइट : www.rajkamalprakashan.com
ई-मेल : info@rajkamalprakashan.com

बी.के. ऑफसेट
नवीन शाहदरा, दिल्ली-110 032
द्वारा मुद्रित

मूल्य : ₹ 199

PRATINIDHI KAHANIYAN
Representative of Premchand
Edited by Bhishma Sahni

ISBN : 978-81-267-0524-5

भूमिका

सन् 1936 में प्रेमचन्द का देहावसान हुआ था। अपने जीवन के अन्तिम दिनों तक वह सक्रिय रहे थे। श्रीमती शिवरानी द्वारा लिखित प्रेमचन्द की जीवनी में इस बात का "उल्लेख मिलता है कि मृत्यु के लगभग दो महीने पहले जब वह बड़े अस्वस्थ थे, तभी मैक्सिम गोर्की की मृत्यु का समाचार पाकर, वह आधी रात गए बिस्तर से उठ बैठे थे और लेख लिखने लगे थे। वह गोर्की के प्रति अपनी श्रद्धा व्यक्त करना चाहते थे। इतना ही नहीं, अस्वस्थता के बावजूद वह दूसरे दिन होनेवाली शोकसभा में अपना लेख पढ़ने के लिए घर से निकल पड़े थे, यद्यपि अस्वस्थतावश अपना लेख पढ़ने में असमर्थ रहे थे—किसी दूसरे व्यक्ति ने उनका लेख पढ़कर सुनाया था। फिर भी वे वहाँ पहुँचे थे। उन्हें इस बात का संतोष था कि वह एक महान लेखक के प्रति अपनी श्रद्धांजलि अर्पित कर पाए थे।

इस सक्रियता के पीछे महती प्रेरणा थी, जो उन्हें बराबर काम करते रहने पर विवश किए रहती थी। अपनी मृत्यु के दसेक साल पहले बनारसीदास चतुर्वेदी को लिखे अपने एक पत्र में प्रेमचन्द ने कहा था कि ज़िन्दगी के जो गिने-चुने साल बाकी रह गए हैं, उनमें मैं ऐसी रचनाएँ रचना चाहता हूँ कि जो देश की आजादी के संघर्ष में अपना योगदान दे सकें।

इस प्रेरणा को देशप्रेम कह लें, आजादी की तड़प कह लें, जन-जीवन से गहरा लगाव कह लें, न्यायसंगत समाज की उत्कट आकांक्षा, गहरे मानवीय तथा नैतिक मूल्यों में अटूट विश्वास कह लें, यही भावना विविध रूपों में उनकी रचनाओं को उद्वेलित करती रही है और इसी से उन्हें अथक परिश्रम करने की प्रेरणा और शक्ति मिलती रही है।

शिवरानी देवी की ही पुस्तक में एक जगह पर एक और प्रसंग भी मिलता है जहाँ किसी रियासत के राजा प्रेमचन्द को उनकी रियासत में आकर रहने, वजीफा पाने का निमंत्रण देते हैं जिसे प्रेमचन्द तत्काल ठुकरा देते हैं। एक जगह पर इस बात का भी जिक्र है कि एक वक्त प्रेमचन्द को रायबहादुरी का खिताब देने की भी पेशकश चल रही थी, जिसे प्रेमचन्द ने यह कहकर ठुकरा दिया था कि मेरी जनता ने अपने दिल में मुझे कब से रायबहादुरी का खिताब दे रखा है, मुझे सरकारी खिताब हासिल करने की कोई इच्छा नहीं है।

प्रेमचन्द ही मुझे ऐसे लेखक जान पड़ते हैं जिनका लेखकीय व्यक्तित्व और निजी व्यक्तित्व एक-दूसरे से अलग नहीं किए जा सकते, वे एकाकार होकर एक-दूसरे में खपकर उनकी रचनाओं में उभरते हैं। वे विभिन्न स्तरों पर नहीं जीते, उनका लेखकीय व्यक्तित्व उनकी सामाजिक चेतना और उनके दिल में उठनेवाले वल्वलों की उपज है, उसका अंग है। 'सोज़-ए-वतन' जब्त हुआ, प्रतियाँ जला डालने का आदेश हुआ, पर प्रेमचन्द ने अपनी लीक नहीं छोड़ी, बल्कि नाम बदलकर लिखने लगे। अपनी सरकारी नौकरी के बावजूद सरकार विरोधी साहित्य रचते रहे। उनका साहित्य उन्हीं भावनाओं से उद्वेलित है जो उनके निजी जीवन को उद्वेलित करती रही हैं। 1921 में गांधी जी ने गोरखपुर की यात्रा की थी, वहाँ प्रेमचन्द उनका भाषण सुनने गए थे और उनके व्यक्तित्व से इतने प्रभावित हुए थे कि घर लौटते ही अपनी बीस साल की सरकारी नौकरी से इस्तीफा दे दिया था।

जिन मुद्दों को प्रेमचन्द ने उठाया था, जिनको लेकर उन्होंने साहित्य-रचना की थी, वे आज भी संगत हैं, उनकी सन्तुलित वस्तुनिष्ठ दृष्टि आज भी हमें सोचने पर बाध्य करती है, भले ही वह साम्प्रदायिकता का मुद्दा हो, न्यायसंगत सामाजिक-आर्थिक-पद्धति का, समाज के पिछड़े हुए वर्गों का, जात-पाँत अथवा स्त्रियों की समस्या हो, प्रेमचन्द की दृष्टि, उसके पीछे उनका प्रखर व्यक्तित्व, उनकी ईमानदारी और उनकी प्रतिबद्धता झलकती रहती है।

हम किसी लेखक की इस या उस रचना से प्रभावित होकर उसे ऊँचा

स्थान नहीं देते, रचनाओं के साथ उस रचनाकार का पूरा व्यक्तित्व जुड़ा होता है, उसी व्यक्तित्व में से ये रचनाएँ जन्म लेती हैं। शायद अन्ततः किसी लेखक को पढ़ना उसकी आत्मा तक पहुँच पाने की यात्रा ही है। आज भी प्रेमचन्द की रचनाएँ उतनी ही अधिक लोकप्रिय हैं जितनी कभी पहले रही होंगी, बल्कि आज उनकी ख्याति देश की सीमाएँ पार कर अन्तर्राष्ट्रीय स्तर प्राप्त कर चुकी हैं। एक के बाद एक पीढ़ी उन्हें संस्कार रूप में ग्रहण करती है। यह इसलिए कि उनकी रचनाओं के पीछे उनका देदीप्यमान, प्रखर व्यक्तित्व झलकता है, उनकी रचनाओं को हम उनके व्यक्तित्व की लौ में देखने, ग्रहण करने लगते हैं। जहाँ उनकी रचनाएँ हमारे सामने जीवन का प्रामाणिक जीवन्त चित्र प्रस्तुत करती हैं, सामाजिक जीवन के विभिन्न पहलुओं के प्रति हमें सचेत करती हैं, वहीं वे हमारे दिल में सद्भाव जगाती हैं, हमारे मस्तिष्क को झकझोरती हैं, हमें ज़िन्दगी को देखने-समझने का नजरिया देती हैं।

प्रेमचन्द की रचनाओं में एक खुलापन पाया जाता है जो पाठक को गहरे में प्रभावित करता है। उनके लेखन में हमें तंगनजरी नहीं मिलती। भावनाओं की दृष्टि से तो वे सागर के समान हैं, जिसमें भावनाओं के ज्वार उठते रहते हैं। गहरी इनसानी हमदर्दी, व्यक्ति के जीवन को समाज के विशाल परिप्रेक्ष्य में देखनेवाली नज़र, जनजीवन के विशाल प्रांगण में बने रहने की उत्कट भावना प्रेमचन्द ने कहीं पर लिखा है कि वह इस बात के लिए कृतज्ञ-सा महसूस करते हैं कि उनकी ज़िन्दगी गरीबों के नजदीक रहते हुए बीती, कि वह उन्हीं के पक्षधर बने। किसी प्रकार की ऐसी मध्यवर्गीय महत्त्वाकांक्षाएँ जो लेखक की परिधि को सीमित करती चली जाती हैं, हालाँकि वह समझता है कि उसकी कला बड़ा निखार पा रही है, पर वास्तव में वह उत्तरोत्तर अपने में सिमटता जाता है—हमें प्रेमचन्द में नहीं मिलतीं।

यह खुलापन हमें उनके रचना क्षेत्र के अन्य पहलुओं में भी देखने को मिलता है। भाषा के प्रति उनका दृष्टिकोण बड़ा उदार था। वह प्रत्येक भाषा का सम्मान करते थे। इनसानों को एक-दूसरे के निकट लाने, उनके दिलों को जोड़ने का सक्षम माध्यम मानते थे। वह भाषाओं के बीच लीकें

नहीं खींचते थे, न ही एक भाषा को ऊँचा और दूसरी को छोटा मानते थे—ऐसी सोच उनके व्यक्तित्व से ही कोसों दूर थी। भाषा के क्षेत्र में आज हमें वह उदारता दिखाई नहीं देती जो भारत की सभी भाषाओं का समान रूप से हित चाहती हो, उनके निर्बाध विकास में योग देना चाहती हो, उनका समान आदर करती हो। यह दृष्टि निश्चय ही हमें प्रेमचन्द में मिलती है।

जिस आदर्शोन्मुख यथार्थवाद की चर्चा प्रेमचन्द ने की थी, और जो संज्ञा उनके अपने साहित्य पर सटीक बैठती है, उसके एक छोर पर समाज का कटु यथार्थ था, उसकी विसंगतियाँ थीं दूसरे छोर पर मानव कल्याण की भावना से ओत-प्रोत वे महान आदर्श थे जिनकी ओर वे यथार्थ को ले चलना चाहते थे। इस तरह जन-जीवन से जुड़ा, यथार्थ और आदर्श दोनों पर नज़र रखनेवाला कोई भी संवेदनशील लेखक, बार-बार निदानों के बारे में सोचेगा, उन नैतिक मूल्यों और मान्यताओं के बारे में, जो समाज को सही रास्ते पर ले जा सकते हैं। ऐसा व्यक्ति एक जगह पर सारा वक्त खड़ा भी नहीं रह सकता। ज़माना था जब प्रेमचन्द आत्म-सुधार को सामाजिक प्रगति का एकमात्र साधन मानते थे। फिर वह ज़माना भी आया जब वह इस निष्कर्ष पर पहुँचे कि परिस्थितियाँ मनुष्य के चरित्र का निर्माण करती हैं और अपने चिन्तन में परिस्थितियों को प्राथमिकता देने लगे थे। फिर वह जमाना भी आया जब उनकी नज़र में पूँजीवादी पद्धति को बदलकर समाजवादी पद्धति को स्थापित करना जरूरी हो गया था, क्योंकि न्यायसंगत समाज में ही प्रगति सम्भव है।

प्रेमचन्द की रचनाओं ने हमारे साहित्य में एक नए युग का सूत्रपात्र किया। और इसमें सन्देह नहीं कि जिस रास्ते वह चले उसे आज भी हमारे साहित्य की प्रमुख धारा कहा जा सकता है। वह साहित्य को जीवन के निकट ले आए। कथा-साहित्य को ज़िन्दगी के ठोस धरातल पर खड़ा किया। यही नहीं, वेट साहित्य के मंच पर दबे-कुचले, अपहृत-शोषित मानव को, साहित्य के केन्द्रीय पात्र के रूप में ले आए। यहाँ पर अब हमें सूरदास और होरी और भिक्खू और धनिया अपनी भूमिकाएँ निभाते हुए नज़र आने लगे। प्रेमचन्द हमें शहर के घुटन भरे माहौल में से खींचकर

देहात में ले गए जहाँ किसान बसता है, देश की अधिकांश जनता बसती है। प्रेमचन्द ने उनके जीवन से अपनी रचनाओं के लिए कथ्य जुटाए। इतना ही नहीं, जितनी अधिक संख्या और जितनी अधिक विविधता में हमें प्रेमचन्द के कथा साहित्य में पात्र मिलते हैं, और कहीं नहीं मिलते। अपने पात्रों से प्रेमचन्द ने पूरे के पूरे गाँव और बस्तियाँ बसा दी हैं।

प्रेमचन्द की अनेक ऐसी कहानियाँ हैं जो एक बार पढ़ने पर भुलाए नहीं भूलतीं। 'ठाकुर का कुआँ', 'सद्गति', 'पूस की रात', 'कफ़न'—कौन इन्हें भूल सकता है। दिल और दिमाग पर ये अपनी अमिट छाप छोड़ जाती हैं। पूस की ठिठुरन से बचने के लिए कुत्ते के शरीर से लिपटता खेतिहर रात के अँधेरे में कुएँ में से जल खींचती हुई जोखू की पत्नी जो दरवाजा खुलने पर ही भाग जाती है, 'दुखी' की लाश को घसीटकर ले जाता पं. घासीराम कौन इन्हें भुला सकता है। प्रेमचन्द के दिल के दर्द ने इन स्थितियों का चित्रण किया है और वे इन पात्रों की कहानियाँ न रहकर देश के लाखों-लाख खेतिहरों, अपहृत लोगों की कहानियाँ बन जाती हैं, पूरे देश और समाज की कहानियाँ बन जाती हैं। कौन ऐसा पाठक है जिसने एक बार इन कहानियों-प्रसंगों को पढ़ा हो और उन्हें भूल पाया हो? मेरे एक रूसी मित्र ने एक बार कहा था कि 'गोदान' पढ़ने के बाद जब कभी वे भारत आते हैं तो उन्हें हर ग्रामवासी के चेहरे से होरी झाँकता हुआ नजर आता है।

यही नहीं, प्रेमचन्द ने हमें भाषा दी है। जिस भाँति वे साहित्य को जीवन के निकट लाए हैं, साहित्य की भाषा को भी बोलचाल की भाषा के निकट लाए हैं। उनकी भाषा में रवानी है, रस है, लोकजीवन में से निकला हुआ मुहावरा है, लोच है। प्रेमचन्द हिन्दुस्तानी के समर्थक थे उस भाषा के जो उत्तर भारत के साँझे सांस्कृतिक जीवन में से पनपी है। इसमें भी उनकी दृष्टि का खुलापन लक्षित होता है। वे एक ऐसी भाषा के समर्थक थे, जिसमें बाहर के शब्दों, मुहावरों को ग्रहण करने की क्षमता हो, उन्हें अपनाने और आत्मसात् करने की और साथ ही साथ जिसमें सादगी हो, पैनापन हो, लोच हो। प्रेमचन्द की अपनी भाषा इस धारणा का सुन्दरतम उदाहरण बनकर सामने आती है।

प्रेमचन्द की मृत्यु के पचास साल बाद आज उनका साहित्य हमारे लिए एक चेतावनी के रूप में उपस्थित है। जिन विषमताओं से प्रेमचन्द अपने साहित्य में जूझते रहे, उनमें से केवल ब्रिटिश शासन ही हमारे बीच मौजूद नहीं है, शेष सब तो, किसी-न-किसी रूप में वैसी की वैसी मौजूद हैं। जिन समस्याओं पर से प्रेमचन्द ने पर्दा उठाया था, आज उनका रूप पहले से भी अधिक घिनौना और भयावह होकर सामने आ रहा है। प्रेमचन्द उन्हें देख पाते तो निश्चय ही सिहर उठते। पर उन्हें देखते हुए वे अपने हाथ में से अपनी कलम रख नहीं देते, बल्कि पहले-जैसी ही निष्ठा और प्रतिबद्धता के साथ उनसे जूझने लगते? इससे न तो मनुष्य में उनकी आस्था कम होती, न ही उस दृष्टि में या उन मान्यताओं में और न ही साहित्य की उस भूमिका में जो उनके रचनात्मक जीवन का संबल बनी थी। शायद वे फिर उन्हीं शब्दों को दोहराते, जो उन्होंने अपने एक लेख में व्यक्त किए थे—

हमारी कसौटी पर वही साहित्य
खरा उतरेगा जिसमें उच्च चिन्तन हो,
स्वाधीनता का भाव हो, सौन्दर्य
का सार हो, सृजन की आत्मा हो,
जीवन की सच्चाइयों का प्रकाश हो—
जो हममें गति, संघर्ष और बेचैनी
पैदा करे, सुलाए नहीं, क्योंकि अब
और ज्यादा सोना मृत्यु का लक्षण है।

—भीष्म साहनी

नई दिल्ली
25-8-87

क्रम

प्रतिनिधि कहानियाँ

बड़े भाई साहब

मेरे मेरे भाई साहब मुझसे पाँच साल बड़े थे; लेकिन केवल तीन दरजे आगे। उन्होंने भी उसी उम्र में पढ़ना शुरू किया था जब मैंने शुरू किया था; लेकिन तालीम जैसे महत्त्व के मामले में वह जल्दबाजी से काम लेना पसन्द न करते थे। इस भावना की बुनियाद ख़ूब मज़बूत डालना चाहते थे, जिस पर आलीशान महल बन सके। एक साल का काम दो साल में करते थे। कभी-कभी तीन साल भी लग जाते थे। बुनियाद ही पुख्ता न हो, तो मकान कैसे पायेदार बने!

मैं छोटा था, वह बड़े थे। मेरी उम्र नौ साल की थी, वह चौदह साल के थे। उन्हें मेरी तम्बीह और निगरानी का पूरा और जन्मसिद्ध अधिकार था। और मेरी शालीनता इसी में थी कि उनके हुक्म को क़ानून समझूँ।

वह स्वभाव से बड़े अध्ययनशील थे। हरदम किताब खोले बैठे रहते। और शायद दिमाग़ को आराम देने के लिए कभी कापी पर, कभी किताब के हाशियों पर चिड़ियों, कुत्तों, बिल्लियों की तस्वीरें बनाया करते थे। कभी-कभी एक ही नाम या शब्द या वाक्य दस-बीस बार लिख डालते। कभी एक शेर को बार-बार सुन्दर अक्षरों में नक़ल करते। कभी ऐसी शब्द-रचना करते, जिसमें न कोई अर्थ होता, न कोई सामंजस्य। मसलन एक बार उनकी कापी पर मैंने यह इबारत देखी—स्पेशल, अमीना, भाइयों-भाइयों, दरअसल, भाई-भाई, राधेश्याम, श्रीयुत राधेश्याम, एक घंटे तक—इसके

बाद एक आदमी का चेहरा बना हुआ था। और उनसे पूछने का साहस न हुआ। वह नवीं जमात में थे, मैं पाँचवीं में। उनकी रचनाओं को समझना मेरे लिए छोटा मुँह बड़ी बात थी।

मेरा जी पढ़ने में बिलकुल न लगता था। एक घंटा भी किताब लेकर बैठना पहाड़ था। मौक़ा पाते ही होस्टल से निकल मैदान में आ जाता और कभी कंकरियाँ उछालता, कभी काग़ज़ की तितलियाँ उड़ाता, और कहीं कोई साथी मिल गया, तो पूछना ही क्या। कभी चारदीवारी पर चढ़कर नीचे कूद रहे हैं, कभी फाटक पर सवार, उसे आगे-पीछे चलाते हुए मोटरकार का आनन्द उठा रहे हैं, लेकिन कमरे में आते ही भाई साहब का वह रौद्र-रूप देखकर प्राण सूख जाते! उनका पहला सवाल यह होता—'कहाँ थे?' हमेशा यही सवाल, इसी ध्वनि में हमेशा पूछा जाता था और इसका जवाब मेरे पास केवल मौन था। न जाने मेरे मुँह से यह बात क्यों न निकलती कि ज़रा बाहर खेल रहा था। मेरा मौन कह देता था कि मुझे अपना अपराध स्वीकार है और भाई साहब के लिए इसके सिवा और कोई इलाज न था कि स्नेह और रोष से मिले हुए शब्दों में मेरा सत्कार करें।

'इस तरह अंग्रेज़ी पढ़ोगे, तो ज़िन्दगी भर पढ़ते रहोगे और हर्फ न आएगा। अंग्रेज़ी पढ़ना कोई हँसी-खेल नहीं है कि जो चाहे, पढ़ ले; नहीं ऐरा-गैरा नत्थू-खैरा सभी अंग्रेज़ी के विद्वान हो जाते। यहाँ रात-दिन आँखें फोड़नी पड़ती हैं और ख़ून जलाना पड़ता है, तब कहीं यह विद्या आती है। और आती क्या है, हाँ, कहने को आ जाती है। बड़े-बड़े विद्वान भी शुद्ध अंग्रेज़ी नहीं लिख सकते, बोलना तो दूर रहा। और मैं कहता हूँ, तुम कितने घोंघा हो कि मुझे देखकर भी सबक नहीं लेते। मैं कितनी मेहनत करता हूँ, यह तुम अपनी आँखों से देखते हो, अगर नहीं देखते, तो यह तुम्हारी आँखों का कसूर है, तुम्हारी बुद्धि का कसूर है। इतने मेले-तमाशे होते हैं, मुझे तुमने कभी देखने जाते देखा है? रोज़ ही क्रिकेट और हाकी-मैच होते हैं। मैं पास नहीं फटकता। हमेशा पढ़ता रहता हूँ। उस पर भी एक-एक दरजे में दो-दो, तीन-तीन साल पड़ा रहता हूँ; फिर भी तुम कैसे आशा करते हो कि तुम यों खेल-कूद में वक़्त गँवाकर पास हो जाओगे? मुझे तो दो ही तीन साल लगते हैं, तुम उम्र-भर इसी दरजे में पड़े सड़ते

रहोगे! अगर तुम्हें इस तरह उम्र गँवानी है तो बेहतर है; घर चले जाओ और मज़े से गुल्ली-डंडा खेलो। दादा की गाढ़ी कमाई के रुपए क्यों बरबाद करते हो?'

मैं यह लताड़ सुनकर आँसू बहाने लगता। जवाब ही क्या था। अपराध तो मैंने किया, लताड़ कौन सहे? भाई साहब उपदेश की कला में निपुण थे। ऐसी-ऐसी लगती बातें कहते, ऐसे-ऐसे सूक्ति-बाण चलाते, कि मेरे जिगर के टुकड़े-टुकड़े हो जाते और हिम्मत टूट जाती। इस तरह जान तोड़कर मेहनत करने की शक्ति मैं अपने में न पाता था और उस निराशा में ज़रा देर के लिए मैं सोचने लगता—क्यों न घर चला जाऊँ। जो काम मेरे बूते के बाहर है, उसमें हाथ डालकर क्यों अपनी ज़िन्दगी ख़राब करूँ। मुझे अपना मूर्ख रहना मंजूर था, लेकिन उतनी मेहनत! मुझे तो चक्कर आ जाता था; लेकिन घंटे-दो घंटे के बाद निराशा के बादल छँट जाते और मैं इरादा करता कि आगे से ख़ूब जी लगाकर पढ़ूँगा। चटपट एक टाइम-टेबिल बना डालता। बिना पहले से नक़्शा बनाए, कोई स्कीम तैयार किए काम कैसे शुरू करूँ। टाइम टेबिल में खेलकूद की मद बिलकुल उड़ जाती। प्रातःकाल उठना; छह बजे मुँह-हाथ धो, नाश्ता कर, पढ़ने बैठ जाना। छह से आठ तक अंग्रेज़ी, आठ से नौ तक हिसाब, नौ से साढ़े नौ तक इतिहास, फिर भोजन और स्कूल। साढ़े तीन बजे स्कूल से वापस होकर आध घंटा आराम, चार से पाँच तक भूगोल, पाँच से छह तक ग्रामर; आध घंटा होस्टल के सामने ही टहलना, साढ़े छह से सात तक अंग्रेज़ी कम्पोजीशन, फिर भोजन करके आठ से नौ तक अनुवाद, नौ से दस तक हिन्दी, दस से ग्यारह तक विविध-विषय, फिर विश्राम।

मगर टाइम-टेबिल बना लेना एक बात है, उस पर अमल करना दूसरी बात। पहले ही दिन उसकी अवेहलना शुरू हो जाती। मैदान की वह सुखद हरियाली, हवा के हल्के-हल्के झोंके, फुटबाल की तरह उछलकूद, कबड्डी के वह दाँव-घात, बालीबाल की वह तेज़ी और फुरती, मुझे अज्ञात और अनिवार्य रूप से खींच ले जाती और वहाँ जाते ही मैं सब कुछ भूल जाता। वह जानलेवा टाइम-टेबिल, आँखफोड़ पुस्तकें किसी को याद न रहतीं, और भाई साहब को नसीहत और फजीहत का अवसर मिल जाता।

मैं उनके साए से भागता, उनकी आँखों से दूर रहने की चेष्टा करता, कमरे में इस तरह दबे पाँव आता कि उन्हें ख़बर न हो। उनकी नज़र मेरी ओर उठी और मेरे प्राण निकले। हमेशा सिर पर एक नंगी तलवार-सी लटकती मालूम होती। फिर भी जैसे मौत और विपत्ति के बीच भी आदमी मोह और माया के बन्धन में जकड़ा रहता है, मैं फटकार और घुड़कियाँ खाकर भी खेल-कूद का तिरस्कार न कर सकता।

2

सालाना इम्तहान हुआ। भाई साहब फेल हो गए, मैं पास हो गया और दरजे में प्रथम आया। मेरे और उनके बीच में केवल दो साल का अन्तर रह गया। जी में आया, भाई साहब को आड़े हाथों लूँ—आपकी वह घोर तपस्या कहाँ गई? मुझे देखिए, मज़े से खेलता भी रहा और दरजे में अव्वल भी हूँ। लेकिन वह इतने दुखी और उदास थे कि मुझे उनसे दिली हमदर्दी हुई और उनके घाव पर नमक छिड़कने का विचार ही लज्जास्पद जान पड़ा। हाँ, अब मुझे अपने ऊपर कुछ अभिमान हुआ और आत्मसम्मान भी बढ़ा। भाई साहब का वह रौब मुझ पर न रहा। आज़ादी से खेलकूद में शरीक होने लगा। दिल मज़बूत था। अगर उन्होंने फिर फजीहत की, तो साफ़ कह दूँगा—आपने अपना ख़ून जलाकर कौन-सा तीर मार लिया। मैं तो खेलते-कूदते दरजे में अव्वल आ गया। ज़बान से यह हेकड़ी जताने का साहस न होने पर भी मेरे रंग-ढंग से साफ़ जाहिर होता था कि भाई साहब का वह आतंक मुझ पर नहीं था। भाई साहब ने इसे भाँप लिया—उनकी सहज-बुद्धि बड़ी तीव्र थी और एक दिन जब मैं भोर का सारा समय गुल्ली-डंडे की भेंट करके ठीक भोजन के समय लौटा तो भाई साहब ने मानो तलवार खींच ली और मुझ पर टूट पड़े—देखता हूँ, इस साल पास हो गए और दरजे में अव्वल आ गए, तो तुम्हें दिमाग़ हो गया है; मगर भाईजान, घमंड तो बड़े-बड़े का नहीं रहा, तुम्हारी क्या हस्ती है? इतिहास में रावण का हाल तो पढ़ा ही होगा। उसके चरित्र से तुमने कौन-सा उपदेश लिया? या यों ही पढ़ गए? महज इम्तहान पास कर

लेना कोई चीज़ नहीं, असल चीज़ है बुद्धि का विकास। जो कुछ पढ़ो, उसका अभिप्राय समझो। रावण भूमंडल का स्वामी था। ऐसे राजाओं को चक्रवर्ती कहते हैं। आजकल अंग्रेज़ों के राज्य का विस्तार बहुत बढ़ा हुआ है; पर इन्हें चक्रवर्ती नहीं कह सकते। संसार में अनेकों राष्ट्र अंग्रेज़ों का आधिपत्य स्वीकार नहीं करते, बिलकुल स्वाधीन हैं। रावण चक्रवर्ती राजा था, संसार के सभी महीप उसे कर देते थे। बड़े-बड़े देवता उसकी ग़ुलामी करते थे। आग और पानी के देवता भी उसके दास थे; मगर उसका अन्त क्या हुआ? घमंड ने उसका नामो-निशान तक मिटा दिया, कोई उसे एक चुल्लू पानी देनेवाला भी न बचा। आदमी और जो कुकर्म चाहे करे; पर अभिमान न करे, इतराए नहीं। अभिमान किया, और दीन-दुनिया दोनों से गया। शैतान का हाल भी पढ़ा ही होगा। उसे यह अभिमान हुआ था कि ईश्वर का उससे बढ़कर सच्चा भक्त कोई है ही नहीं! अन्त में यह हुआ कि स्वर्ग से नरक में ढकेल दिया गया। शाहेरूम ने भी एक बार अहंकार किया था। भीख माँग-माँगकर मर गया। तुमने तो अभी केवल एक दरजा पास किया है, और अभी से तुम्हारा सिर फिर गया, तब तो तुम आगे पढ़ चुके। यह समझ लो कि तुम अपनी मेहनत से नहीं पास हुए, अन्धे के हाथ बटेर लग गई। मगर बटेर केवल एक बार हाथ लग सकती है, बार-बार नहीं लग सकती। कभी-कभी गुल्ली-डंडे में भी अंधा-चोट निशाना पड़ जाता है। इससे कोई सफल खिलाड़ी नहीं हो जाता। सफल खिलाड़ी वह है, जिसका कोई निशाना ख़ाली न जाए। मेरे फेल होने पर मत जाओ। मेरे दरजे में आओगे, तो दाँतों पसीना आ जाएगा, जब अलजबरा और जामेट्री के लोहे के चने चबाने पड़ेंगे, और इंगलिस्तान का इतिहास पढ़ना पड़ेगा। बादशाहों के नाम याद रखना आसान नहीं। आठ-आठ हेनरी ही गुज़रे हैं। कौन-सा कांड किस हेनरी के समय में हुआ, क्या यह याद कर लेना आसान समझते हो? हेनरी सातवें की जगह हेनरी आठवाँ लिखा और सब नम्बर ग़ायब! सफाचट। सिफर भी ना मिलेगा, सिफर भी! हो किस ख़याल में। दरजनों तो जेम्स हुए हैं, दरजनों विलियम, कोड़ियों चार्ल्स! दिमाग़ चक्कर खाने लगता है। आँधी रोग हो जाता है। इन अभागों को नाम भी न जुड़ते थे। एक ही नाम के पीछे दोयम, सोयम, चहारुम, पंजुम लगाते

चले गए। मुझसे पूछते, तो दस लाख नाम बता देता और जामेट्री तो बस ख़ुदा की पनाह! अ ब ज की जगह अ ज ब लिख दिया और सारे नम्बर कट गए। कोई इन निर्दयी मुमतहिनों से नहीं पूछता कि आख़िर अ ब ज और अ ज ब में क्या फ़र्क़ है, और व्यर्थ की बात के लिए क्यों छात्रों का ख़ून करते हो। दाल-भात-रोटी या भात-दाल-रोटी खाई, इसमें क्या रखा है, मगर इन परीक्षकों को क्या परवाह। वह तो वही देखते हैं जो पुस्तक में लिखा है। चाहते हैं कि लड़के अक्षर-अक्षर रट डालें। और इसी रटन्त का नाम शिक्षा रख छोड़ा है। और आख़िर इन बे-सर-पैर की बातों के पढ़ने से फ़ायदा? इस रेखा पर वह लम्ब गिरा दो, तो आधार लम्ब से दुगुना होगा। पूछिए, इससे प्रयोजन? दुगुना नहीं, चौगुना हो जाए, या आधा ही रहे, मेरी बला से; लेकिन परीक्षा में पास होना है, तो यह सब खुराफात याद करनी पड़ेगी। कह दिया—'समय की पाबन्दी' पर एक निबन्ध लिखो, जो चार पन्नों से कम न हो। अब आप कापी सामने खोले, क़लम हाथ में लिए उसके नाम को रोइए। कौन नहीं जानता कि समय की पाबन्दी बहुत अच्छी बात है, इससे आदमी के जीवन में संयम आ जाता है, दूसरों का उस पर स्नेह होने लगता है और उसके कारोबार में उन्नति होती है; लेकिन इस ज़रा-सी बात पर चार पन्ने कैसे लिखें। जो बात एक वाक्य में कही जा सके, उसे चार पन्नों में लिखने की ज़रूरत? मैं तो इसे हिमाकत कहता हूँ। यह तो समय की क़िफायत नहीं; बल्कि उसका दुरुपयोग है कि व्यर्थ में किसी बात को ठूँस दिया जाए। हम चाहते हैं, आदमी को जो कुछ कहना हो, चटपट कह दे, अपनी राह ले। मगर नहीं, आपको चार पन्ने रँगने पड़ेंगे; चाहे जैसे लिखिए। और पन्ने भी पूरे फुलस्केप के आकार के। यह छात्रों पर अत्याचार नहीं तो और क्या है? अनर्थ तो यह है कि कहा जाता है, संक्षेप में लिखो। समय की पाबन्दी पर संक्षेप में एक निबन्ध लिखो, जो चार पन्नों से कम न हो। ठीक! संक्षेप में तो चार पन्ने हुए, नहीं शायद सौ-दो सौ पन्ने लिखवाते। तेज़ भी दौड़िए और धीरे-धीरे भी। उल्टी बात है या नहीं? बालक भी इतनी-सी बात समझ सकता है; लेकिन इन अध्यापकों को इतनी तमीज भी नहीं। उस पर दावा है कि हम अध्यापक हैं। मेरे दरजे में आओगे लाला, तो ये सारे पापड़ बेलने पड़ेंगे

और तब आटे-दाल का भाव मालूम होगा। इस दरजे में अव्वल आ गए हो, तो ज़मीन पर पाँव नहीं रखते। इसलिए मेरा कहना मानिए। लाख फेल हो गया हूँ, लेकिन तुमसे बड़ा हूँ, संसार का मुझे तुमसे कहीं ज़्यादा अनुभव है, जो कुछ कहता हूँ, उसे गिरह बाँधिए, नहीं पछताइएगा।

स्कूल का समय निकट था, नहीं ईश्वर जाने यह उपदेश-माला कब समाप्त होती। भोजन आज मुझे निःस्वाद-सा लग रहा था। जब पास होने पर यह तिरस्कार हो रहा है, तो फेल हो जाने पर शायद प्राण ही ले लिए जाएँ। भाई साहब ने अपने दरजे की पढ़ाई का जो भयंकर चित्र खींचा था; उसने मुझे भयभीत कर दिया। स्कूल छोड़कर घर नहीं भागा, यही ताज्जुब है; लेकिन इतने तिरस्कार पर भी पुस्तकों में मेरी अरुचि ज्यों-की-त्यों बनी रही। खेल-कूद का कोई अवसर हाथ से न जाने देता। पढ़ता भी; मगर बहुत कम, बस इतना ही कि रोज़ का टास्क पूरा हो जाए और दरजे में जलील न होना पड़े। अपने ऊपर जो विश्वास पैदा था, वह फिर लुप्त हो गया और फिर चोरों का-सा जीवन कटने लगा।

3

फिर सालाना इम्तहान हुआ, और कुछ ऐसा संयोग हुआ कि मैं फिर पास हुआ और भाई साहब फेल हो गए। मैंने बहुत मेहनत नहीं की; पर न जाने कैसे दरजे में अव्वल आ गया। मुझे ख़ुद अचरज हुआ। भाई साहब ने प्राणांतक परिश्रम किया। कोर्स का एक-एक शब्द चाट गए थे, दस बजे रात तक इधर, चार बजे भोर से उधर, छह से साढ़े नौ तक स्कूल जाने के पहले। मुद्रा कांतिहीन हो गई थी; मगर बेचारे फेल हो गए। मुझे उन पर दया आती थी! नतीजा सुनाया गया, तो वह रो पड़े और मैं भी रोने लगा। अपने पास होने की ख़ुशी आधी हो गई! मैं भी फेल हो गया होता, तो भाई साहब को इतना दुःख न होता, लेकिन विधि की बात कौन टाले।

मेरे और भाई साहब के बीच में अब केवल एक दरजे का अन्तर और रह गया। मेरे मन में एक कुटिल भावना उदय हुई कि कहीं भाई साहब एक साल और फेल हो जाएँ, तो मैं उनके बराबर हो जाऊँ, फिर

वह किस आधार पर मेरी फजीहत कर सकेंगे, लेकिन मैंने इस कमीने विचार को दिल से बलपूर्वक निकाल डाला। आख़िर वह मुझे मेरे हित के विचार से ही तो डाँटते हैं। मुझे इस वक़्त अप्रिय लगता है अवश्य, मगर वह शायद उनके उपदेशों का ही असर हो कि मैं दनादन पास हो जाता हूँ और इतने अच्छे नम्बरों से।

अब भाई साहब बहुत कुछ नर्म पड़ गए थे। कई बार मुझे डाँटने का अवसर पाकर भी उन्होंने धीरज से काम लिया। शायद अब वह ख़ुद समझने लगे थे कि मुझे डाँटने का अधिकार उन्हें नहीं रहा, या रहा भी, तो बहुत कम। मेरी स्वच्छन्दता भी बढ़ी। मैं उनकी सहिष्णुता का अनुचित लाभ उठाने लगा। मुझे कुछ ऐसी धारणा हुई कि मैं पास हो ही जाऊँगा, पढ़ूँ या न पढ़ूँ, मेरी तक़दीर बलवान है; इसलिए भाई साहब के डर से जो थोड़ा बहुत पढ़ लिया करता था, वह भी बन्द हुआ। मुझे कनकौए उड़ाने का नया शौक़ पैदा हो गया था और अब सारा समय पतंगबाजी की ही भेंट होता था; फिर भी मैं भाई साहब का अदब करता था, और उनकी नज़र बचाकर कनकौए उड़ाता था। माँझा देना, कन्ने बाँधना, पतंग टूरनामेंट की तैयारियाँ आदि समस्याएँ सब गुप्त रूप से हल की जाती थीं। मैं भाई साहब को यह सन्देह न करने देना चाहता था कि उनका सम्मान और लिहाज़ मेरी नज़रों में कम हो गया है।

एक दिन संध्या समय, होस्टल से दूर मैं एक कनकौआ लूटने बेतहाशा दौड़ा जा रहा था। आँखें आसमान की ओर थीं और मन उस आकाशगामी पथिक की ओर, जो मन्द गति से झूमता पतन की ओर चला आ रहा था, मानो कोई आत्मा स्वर्ग से निकलकर विरक्त मन से नए संस्कार ग्रहण करने आ रही हो। बालकों की पूरी सेना लग्गे और झाड़दार बाँस लिए इसका स्वागत करने को दौड़ी आ रही थी। किसी को अपने आगे-पीछे की ख़बर न थी। सभी मानो उस पतंग के साथ ही आकाश में उड़ रहे थे, जहाँ सब कुछ समतल है, न मोटरकारें हैं, ट्राम, न गाड़ियाँ।

सहसा भाई साहब से मेरी मुठभेड़ हो गई, जो शायद बाज़ार से लौट रहे थे। उन्होंने वहीं हाथ पकड़ लिया और उग्र भाव से बोले—इन बाज़ारी लौंडों के साथ धेले के कनकौए के लिए दौड़ते तुम्हें शर्म नहीं आती? तुम्हें

इसका भी कुछ लिहाज़ नहीं कि अब नीची जमाअत में नहीं हो; बल्कि आठवीं जमाअत में आ गए हो और मुझसे केवल एक दरजा नीचे हो। आख़िर आदमी को कुछ तो अपनी पोजीशन का ख़याल करना चाहिए। एक ज़माना था कि लोग आठवाँ दरजा पास करके नायब तहसीलदार हो जाते थे। मैं कितने ही मिडिलचियों को जानता हूँ, जो आज अव्वल दरजे के डिप्टी मैजिस्ट्रेट या सुपरिंटेंडेंट हैं। कितने ही आठवीं जमाअतवाले हमारे लीडर और समाचारपत्रों के सम्पादक हैं। बड़े-बड़े विद्वान उनकी मातहती में काम करते हैं। और तुम उसी आठवें दरजे में आकर बाज़ारी लौंडों के साथ कनकौए के लिए दौड़ रहे हो? मुझे तुम्हारी इस कमअक़्ली पर दुःख होता है। तुम जहीन हो, इसमें शक नहीं, लेकिन वह जेहन किस काम का, जो हमारे आत्म-गौरव की हत्या कर डाले। तुम अपने दिल में समझते होंगे, मैं भाई साहब से महज एक दरजा नीचे हूँ, और अब उन्हें मुझको कुछ कहने का हक़ नहीं; लेकिन यह तुम्हारी ग़लती है। तुमसे पाँच साल बड़ा हूँ और चाहे आज तुम मेरी ही जमाअत में आ जाओ—और परीक्षकों का यही हाल है; तो निस्सन्देह अगले साल तुम मेरे समकक्ष हो जाओगे और शायद एक साल बाद मुझसे आगे भी निकल जाओ—लेकिन मुझमें और तुममें जो पाँच साल का अन्तर है; उसे तुम क्या, ख़ुदा भी नहीं मिटा सकता। मैं तुमसे पाँच साल बड़ा हूँ और हमेशा रहूँगा! मुझे दुनिया का और ज़िन्दगी का जो तजरबा है, तुम उसकी बराबरी नहीं कर सकते, चाहे तुम एम.ए. और डी.लिट्. और डी.फिल. ही क्यों न हो जाओ। समझ किताबें पढ़ने से नहीं आती, दुनिया देखने से आती है। हमारी अम्माँ ने कोई दरजा नहीं पास किया, और दादा भी शायद पाँचवीं-छठी जमाअत के आगे नहीं गए; लेकिन हम दोनों चाहे सारी दुनिया की विद्या पढ़ लें, अम्माँ और दादा को हमें समझाने और सुधारने का अधिकार हमेशा रहेगा। केवल इसलिए नहीं कि वे हमारे जन्मदाता हैं; बल्कि इसलिए कि उन्हें दुनिया का सबसे ज़्यादा तजरबा है और रहेगा। अमेरिका में किस तरह की राज-व्यवस्था है, और आठवें हेनरी ने कितने ब्याह किए और आकाश में कितने नक्षत्र हैं, यह बातें चाहे उन्हें न मालूम हों; लेकिन हज़ारों ऐसी बातें हैं, जिनका ज्ञान उन्हें हमसे और तुमसे ज़्यादा है। दैव न करे, आज मैं बीमार हो

जाऊँ, तो तुम्हारे हाथ-पाँव फूल जाएँगे। दादा को तार देने के सिवा तुम्हें और कुछ न सूझेगा; लेकिन तुम्हारी जगह दादा हों, तो किसी को तार न दें, न घबराएँ, न बदहवास हों। पहले ख़ुद मरज पहचानकर इलाज करेंगे, उसमें सफल न हुए, तो किसी डॉक्टर को बुलाएँगे। बीमारी तो ख़ैर बड़ी चीज़ है। हम तुम तो इतना भी नहीं जानते कि महीने भर का ख़र्च महीना भर कैसे चले। जो कुछ दादा भेजते हैं, उसे हम बीस-बाईस तक ख़र्च कर डालते हैं, और फिर पैसे-पैसे को मुहताज हो जाते हैं। नाश्ता बन्द हो जाता है, धोबी और नाई से मुँह चुराने लगते हैं, लेकिन जितना आज हम और तुम ख़र्च कर रहे हैं, उसके आधे में दादा ने अपनी उम्र का बड़ा भाग इज़्ज़त और नेकनामी के साथ निभाया है और कुटुम्ब का पालन किया है जिसमें सब मिलाकर नौ आदमी थे। अपने हेडमास्टर साहब ही को देखो। एम.ए. हैं कि नहीं; और यहाँ के एम.ए. नहीं, ऑक्सफोर्ड के। एक हज़ार रुपए पाते हैं; लेकिन उनके घर का इन्तज़ाम कौन करता है? उनकी बूढ़ी माँ। हेडमास्टर साहब की डिग्री यहाँ आकर बेकार हो गई। पहले ख़ुद घर का इन्तज़ाम करते थे। ख़र्च पूरा न पड़ता था। करजदार रहते थे। जब से उनकी माताजी ने प्रबन्ध अपने हाथ में ले लिया है, जैसे घर में लक्ष्मी आ गई है। तो भाईजान, यह गरूर दिल से निकाल डालो कि तुम मेरे समीप आ गए हो और अब स्वतंत्र हो। मेरे देखते तुम बेराह न चलने पाओगे। अगर तुम यों न मानोगे तो मैं (थप्पड़ दिखाकर) इसका प्रयोग भी कर सकता हूँ। मैं जानता हूँ तुम्हें मेरी बातें ज़हर लग रही हैं...

मैं उनकी इस नई युक्ति से नत-मस्तक हो गया। मुझे आज सचमुच अपनी लघुता का अनुभव हुआ और भाई साहब के प्रति मेरे मन में श्रद्धा उत्पन्न हुई। मैंने सजल आँखों से कहा—हरगिज़ नहीं। आप जो फरमा रहे हैं, वह बिलकुल सच है और आपको उसको कहने का अधिकार है।

भाई साहब ने मुझे गले से लगा लिया और बोले—मैं कनकौए उड़ाने को मना नहीं करता। मेरा भी जी ललचाता है; लेकिन करूँ क्या, ख़ुद बेराह चलूँ, तो तुम्हारी रक्षा कैसे करूँ? यह कर्तव्य भी तो मेरे सिर है!

संयोग से उसी वक़्त एक कटा हुआ कनकौआ हमारे ऊपर से गुज़रा। उसकी डोर लटक रही थी। लड़कों का एक गोल पीछे-पीछे दौड़ रहा था।

भाई साहब लम्बे हैं ही! उछलकर उसकी डोर पकड़ ली और बेतहाशा होस्टल की तरफ़ दौड़े। मैं पीछे-पीछे दौड़ रहा था।

■

नशा

ईश्वरी एक बड़े ज़मींदार का लड़का था और मैं एक ग़रीब क्लर्क था, जिसके पास मेहनत-मजूरी के सिवा और कोई जायदाद न थी। हम दोनों में परस्पर बहसें होती रहती थीं। मैं ज़मींदारों की बुराई करता, उन्हें हिंसक पशु और ख़ून चूसने वाली जोंक और वृक्षों की चोटी पर फूलनेवाला बंझा कहता। वह ज़मींदारों का पक्ष लेता; पर स्वभावत: उसका पहलू कुछ कमज़ोर होता था, क्योंकि उसके पास ज़मींदारों के अनुकूल कोई दलील न थी। यह कहना कि सभी मनुष्य बराबर नहीं होते, छोटे-बड़े हमेशा होते रहते हैं और होते रहेंगे, लचर दलील थी। किसी मानुषीय या नैतिक नियम से इस व्यवस्था का औचित्य सिद्ध करना कठिन था। मैं इस वाद-विवाद की गर्मा-गर्मी में अक्सर तेज़ हो जाता और लगने वाली बातें कह जाता; लेकिन ईश्वरी हारकर भी मुस्कुराता रहता था। मैंने उसे कभी गर्म होते नहीं देखा। शायद इसका कारण यह था कि वह अपने पक्ष की कमज़ोरी समझता था। नौकरों से वह सीधे मुँह बात न करता था। अमीरों में जो एक बेदर्दी और उद्दंडता होती है, उसका उसे भी प्रचुर भाग मिला था। नौकर ने बिस्तर लगाने में ज़रा भी देर की, दूध ज़रूरत से ज़्यादा गर्म या ठंडा हुआ, साइकिल अच्छी तरह साफ़ नहीं हुई, तो वह आपे से बाहर हो जाता। सुस्ती, बदतमीजी उसे ज़रा भी बर्दाश्त न थी, पर दोस्तों से और विशेषकर मुझसे उसका व्यवहार सौहार्द और नम्रता से भरा होता था। शायद उसकी जगह मैं होता, तो मुझमें भी वही कठोरताएँ पैदा हो जातीं, जो उसमें थीं; क्योंकि मेरा लोक-प्रेम सिद्धान्तों पर नहीं, निजी दशाओं पर टिका हुआ था; लेकिन

वह मेरी जगह होकर भी शायद अमीर ही रहता, क्योंकि वह प्रकृति से ही विलासी और ऐश्वर्य-प्रिय था।

अबकी दशहरे की छुट्टियों में मैंने निश्चय किया कि घर न जाऊँगा। मेरे पास किराए के लिए रुपए न थे और न मैं घरवालों को तकलीफ़ देना चाहता था। मैं जानता हूँ वे मुझे जो कुछ देते हैं वह उनकी हैसियत से बहुत ज़्यादा है। इसके साथ ही परीक्षा का भी ख़याल था। अभी बहुत-कुछ पढ़ना बाक़ी था और घर जाकर कौन पढ़ता है। बोर्डिंग हाउस में भूत की तरह अकेले पड़े रहने को भी जी न चाहता था। लेकिन जब ईश्वरी ने मुझे अपने घर चलने का नेवता दिया, तो मैं बिना आग्रह के राज़ी हो गया। ईश्वरी के साथ परीक्षा की तैयारी ख़ूब हो जाएगी। वह अमीर होकर भी मेहनती और जहीन है।

उसने इसके साथ ही कहा—लेकिन भाई एक बात का ख़याल रखना। वहाँ अगर ज़मींदारों की निन्दा की तो मुआमला बिगड़ जाएगा और मेरे घरवालों को बुरा लगेगा। वह लोग तो असामियों पर इसी दावे से शासन करते हैं कि ईश्वर ने असामियों को उनकी सेवा के लिए पैदा किया है। असामी भी यही समझता है। अगर उसे सुझा दिया जाए कि ज़मींदार और असामी में कोई मौलिक भेद नहीं है, तो ज़मींदारों का कहीं पता न लगे।

मैंने कहा—तो क्या तुम समझते हो कि मैं वहाँ जाकर कुछ और हो जाऊँगा?

'हाँ मैं तो यही समझता हूँ।'

'तो तुम ग़लत समझते हो।'

ईश्वरी ने इसका कोई जवाब न दिया। कदाचित् उसने इस मुआमले को मेरे विवेक पर छोड़ दिया और बहुत अच्छा किया। अगर वह अपनी बात पर अड़ता, तो मैं भी ज़िद पकड़ लेता।

2

सेकेंड क्लास तो क्या मैंने कभी इंटर क्लास में भी सफ़र न किया था। अबकी सेकेंड क्लास में सफ़र करने का सौभाग्य प्राप्त हुआ। गाड़ी तो

नौ बजे रात को आती थी, पर यात्रा के हर्ष में हम शाम को ही स्टेशन जा पहुँचे। कुछ देर इधर-उधर सैर करने के बाद रिफ्रेशमेंट रूम में जाकर हम लोगों ने भोजन किया। मेरी वेश-भूषा और रंग-ढंग से पारखी खानसामों को यह पहचानने में देर न लगी कि मालिक कौन है और पिछलग्गू कौन; लेकिन न जाने मुझे उनकी गुस्ताखी बुरी लग रही थी। पैसे ईश्वरी के जेब से गए। शायद मेरे पिता को जो वेतन मिलता है, उससे ज़्यादा इन खानसामों को इनाम-एकराम में मिल जाता हो। एक अठन्नी तो चलते समय ईश्वरी ही ने दी। फिर भी मैं उन सबों से उसी तत्परता और विनय की प्रतीक्षा करता था, जिससे वे ईश्वरी की सेवा कर रहे थे! ईश्वरी के हुक्म पर सब-के-सब क्यों दौड़ते हैं, लेकिन मैं कोई चीज़ माँगता हूँ तो इतना उत्साह नहीं दिखाते? मुझे भोजन में कुछ स्वाद न मिला। वह भेद मेरे ध्यान को सम्पूर्ण रूप से अपनी ओर खींचे हुए था।

गाड़ी आई, हम दोनों सवार हुए। खानसामों ने ईश्वरी को सलाम किया। मेरी ओर देखा भी नहीं।

ईश्वरी ने कहा—कितने तमीजदार हैं ये सब। एक हमारे नौकर हैं कि कोई काम करने का ढंग नहीं।

मैंने खट्टे मन से कहा—इसी तरह अगर तुम अपने नौकरों को भी आठ आने रोज़ इनाम दिया करो तो शायद इससे ज़्यादा तमीजदार हो जाएँ।

'तो क्या तुम समझते हो, यह सब केवल इनाम के लालच से इतना अदब करते हैं?'

'जी नहीं, कदापि नहीं। तमीज और अदब तो इनके रक्त में मिल गया है!'

गाड़ी चली। डाक थी। प्रयाग से चली तो प्रतापगढ़ जाकर रुकी। एक आदमी ने हमारा कमरा खोला। मैं तुरन्त चिल्ला उठा—दूसरा दरजा है—सेकेंड क्लास है।

उस मुसाफिर ने डब्बे के अन्दर आकर मेरी ओर एक विचित्र उपेक्षा की दृष्टि से देखकर कहा—जी हाँ, सेवक भी इतना समझता है, और बीचवाले बर्थ पर बैठ गया। मुझे कितनी लज्जा आई, कह नहीं सकता।

भोर होते-होते हम लोग मुरादाबाद पहुँचे। स्टेशन पर कई आदमी हमारा स्वागत करने के लिए खड़े थे। दो भद्र पुरुष थे। पाँच बेगार। बेगारों ने हमारा लगेज उठाया। दोनों भद्र पुरुष पीछे-पीछे चले। एक मुसलमान था, रियासत अली; दूसरा ब्राह्मण था, रामहरख। दोनों ने मेरी ओर अपरिचित नेत्रों से देखा, मानो कह रहे हैं, तुम कौवे होकर हंस के साथ कैसे?

रियासत अली ने ईश्वरी से पूछा—यह बाबू साहब क्या आपके साथ पढ़ते हैं?

ईश्वरी ने जवाब दिया—हाँ, साथ पढ़ते भी हैं, और साथ रहते भी हैं? यों कहिए कि आप ही की बदौलत मैं इलाहाबाद पड़ा हुआ हूँ, नहीं कब का लखनऊ चला आया होता। अबकी मैं इन्हें घसीट लाया। इनके घर से कई तार आ चुके थे; मगर मैंने इनकारी जवाब दिलवा दिए। आख़िरी तार तो अर्जेंट था, जिसकी फ़ीस चार आने प्रति शब्द है; पर यहाँ से भी उसका जवाब इनकारी ही गया।

दोनों सज्जनों ने मेरी ओर चकित नेत्रों से देखा। आतंकित हो जाने की चेष्टा करते हुए जान पड़े।

रियासत अली ने अर्द्ध शंका के स्वर में कहा—लेकिन आप बड़े सादे लिबास में रहते हैं!

ईश्वरी ने शंका निवारण की—महात्मा गांधी के भक्त हैं साहब! खद्दर के सिवा कुछ पहनते ही नहीं। पुराने सारे कपड़े जला डाले! यों कहो कि राजा हैं। ढाई लाख सालाना की रियासत है; पर आपकी सूरत देखो तो मालूम होता है, अभी अनाथालय से पकड़कर आए हैं।

रामहरख बोले—अमीरों का ऐसा स्वभाव बहुत कम देखने में आता है। कोई भाँप ही नहीं सकता।

रियासत अली ने समर्थन किया—आपने महाराज चाँगली को देखा होता, तो दाँतों उँगली दबाते। एक गाढ़े की मिर्जई और चमरौधे जूते पहने बाज़ारों में घूमा करते थे। सुनते हैं, एक बार बेगार में पकड़े गए थे और उन्हीं ने दस लाख से कॉलेज खोल दिया।

मैं मन में कटा जा रहा था; पर न जाने क्या बात थी कि यह सफ़ेद

झूठ उस वक़्त मुझे हास्यास्पद न जान पड़ा। उसके प्रत्येक वाक्य के साथ मानो मैं उस कल्पित वैभव के समीपतर आता जाता था।

मैं शहसवार नहीं हूँ। हाँ, लड़कपन में कई बार लद्दू घोड़ों पर सवार हुआ हूँ। यहाँ देखा तो दो कलाँ-रास घोड़े हमारे लिए तैयार खड़े थे। मेरी तो जान ही निकल गई। सवार तो हुआ; पर बोटियाँ काँप रही थीं। मैंने चेहरे पर शिकन न पड़नी दी। घोड़े को ईश्वरी के पीछे डाल दिया। खैरियत यह हुई कि ईश्वरी ने घोड़े को तेज़ न किया, वरना शायद मैं हाथ-पाँव तुड़वाकर लौटता। सम्भव है, ईश्वरी ने समझ लिया हो कि वह कितने पानी में है।

3

ईश्वरी का घर क्या था, किला था। इमामबाड़े का-सा फाटक, द्वार पर पहरेदार टहलता हुआ, नौकरों का कोई हिसाब नहीं, एक हाथी बँधा हुआ। ईश्वरी ने अपने पिता, चाचा, ताऊ आदि सबसे मेरा परिचय कराया, और उसी अतिशयोक्ति के साथ। ऐसी हवा बाँधी कि कुछ न पूछिए। नौकर-चाकर ही नहीं, घर के लोग भी मेरा सम्मान करने लगे। देहात के ज़मींदार, लाखों का मुनाफा, मगर पुलिस कान्सटेबिल को भी अफ़सर समझने वाले। कई महाशय तो मुझे हुजूर-हुजूर कहने लगे।

जब ज़रा एकान्त हुआ, तो मैंने ईश्वरी से कहा—तुम बड़े शैतान हो यार, मेरी मिट्टी क्यों पलीद कर रहे हो?

ईश्वरी ने सुदृढ़ मुस्कान के साथ कहा—इन गधों के सामने यही चाल ज़रूरी थी; वरना सीधे मुँह बोलते भी नहीं।

ज़रा देर बाद एक नाई हमारे पाँव दबाने आया। कुँवर लोग स्टेशन से आए हैं, थक गए होंगे। ईश्वरी ने मेरी ओर इशारा करके कहा—पहले कुँवर साहब के पाँव दबा।

मैं चारपाई पर लेटा हुआ था। मेरे जीवन में ऐसा शायद ही कभी हुआ हो कि किसी ने मेरे पाँव दबाए हों। मैं इसे अमीरों के चोंचले, रईसों का गधापन और बड़े आदमियों की मुटमादी और जाने क्या-क्या कहकर

ईश्वरी का परिहास किया करता और आज मैं पोतड़ों का रईस बनने का स्वाँग भर रहा था!

इतने में दस बज गए। पुरानी सभ्यता के लोग थे। नई रोशनी अभी केवल पहाड़ की चोटी तक पहुँच पाई थी। अन्दर से भोजन का बुलावा आया। हम स्नान करने चले। मैं हमेशा अपनी धोती ख़ुद छाँट लिया करता हूँ; मगर यहाँ मैंने ईश्वरी की ही भाँति अपनी धोती भी छोड़ दी। अपने हाथों अपनी धोती छाँटते शर्म आ रही थी। अन्दर भोजन करने चले। होटल में जूते पहने मेज़ पर डटते थे। यहाँ पाँव धोना आवश्यक था। कहार पानी लिए खड़ा था। ईश्वरी ने पाँव बढ़ा दिए। कहार ने उसके पाँव धोए। मैंने भी पाँव बढ़ा दिए। कहार ने मेरे पाँव भी धोए। मेरा वह विचार न जाने कहाँ चला गया था।

4

सोचा था, वहाँ देहात तें एकाग्र होकर ख़ूब पढ़ेंगे; पर वहाँ सारा दिन सैर-सपाटे में कट जाता था। कहीं नदी में बजरे पर सैर कर रहे हैं; कहीं मछलियों या चिड़ियों का शिकार खेल रहे हैं, कहीं पहलवानों की कुश्ती देख रहे हैं, कहीं शतरंज पर जमे हैं। ईश्वरी ख़ूब अंडे मँगवाता और कमरे में 'स्टोव' पर आमलेट बनते। नौकरों का एक जत्था हमेशा घेरे रहता। अपने हाथ-पाँव को हिलाने की कोई ज़रूरत नहीं। केवल एक ज़बान हिला देना काफ़ी है। नहाने बैठे तो आदमी नहलाने को हाजिर, लेटे तो आदमी पंखा झलने को खड़े। मैं महात्मा गांधी का कुँअर चेला मशहूर था। भीतर से बाहर तक मेरी धाक थी। नाश्ते में ज़रा भी देर न होने पाए, कहीं कुँअर साहब नाराज़ न हो जाएँ, बिछावन ठीक समय पर लग जाए, कुँवर साहब के सोने का समय आ गया। मैं ईश्वरी से भी ज़्यादा नाजुक दिमाग़ बन गया था, या बनने पर मज़बूर किया गया था। ईश्वरी अपने हाथ से बिस्तर बिछा ले; लेकिन कुँवर मेहमान अपने हाथों से कैसे अपना बिछावन बिछा सकते हैं! उनकी महानता में बट्टा लग जाएगा।

एक दिन सचमुच यही बात हो गई। ईश्वरी घर में थे। शायद अपनी माता से कुछ बातचीत करने में देर हो गई। यहाँ दस बज गए। मेरी आँखें

नींद से झपक रही थीं; मगर बिस्तर कैसे लगाऊँ? कुँअर जो ठहरा। कोई साढ़े ग्यारह बजे महरा आया। बड़ा मुँहलगा नौकर था। घर के धन्धों में मेरा बिस्तर लगाने की उसे सुधि ही न रही। अब जो याद आई, तो भागा हुआ आया। मैंने ऐसी डाँट बताई कि उसने भी याद किया होगा।

ईश्वरी मेरी डाँट सुनकर बाहर निकल आया और बोला—तुमने बहुत अच्छा किया। यह सब हरामखोर इसी व्यवहार के योग्य हैं।

इसी तरह ईश्वरी एक दिन एक जगह दावत में गया हुआ था। शाम हो गई; पर लैम्प न जला। लैम्प मेज़ पर रखा हुआ था। दियासलाई भी वहीं थी; लेकिन ईश्वरी ख़ुद कभी लैम्प नहीं जलाता। फिर कुँअर साहब कैसे जलाएँ? मैं झुँझला रहा था। समाचार-पत्र आया रखा हुआ था। जी उधर लगा हुआ था; पर लैम्प नदारत। दैवयोग उसी वक़्त मुंशी रियासत अली आ निकले। मैं उन्हीं पर उबल पड़ा ऐसी फटकार बताई कि बेचारा उल्लू हो गया—तुम लोगों को इतनी फ़िक्र भी नहीं कि लैम्प जलवा दो! मालूम नहीं, ऐसे कामचोर आदमियों का यहाँ कैसे गुज़र होता है। मेरे यहाँ घंटे भर निर्वाह न हो। रियासत अली ने काँपते हुए हाथों से लैम्प जला दिया।

वहाँ एक ठाकुर अक्सर आया करता था। कुछ मनचला आदमी था, महात्मा गांधी का परम भक्त। मुझे महात्माजी का चेला समझकर मेरा लिहाज़ करता था; पर मुझसे कुछ पूछते संकोच करता था। एक दिन मुझे अकेला देखकर आया और हाथ बाँधकर बोला—सरकार तो गांधी बाबा के चेले हैं न? लोग कहते हैं कि यहाँ सुराज हो जाएगा तो ज़मींदार न रहेंगे।

मैंने शान जमाई—ज़मींदारों के रहने की ज़रूरत ही क्या है? यह लोग ग़रीबों का ख़ून चूसने के सिवा और क्या करते हैं?

ठाकुर ने फिर पूछा—तो क्या सरकार, सब ज़मींदारों की ज़मीन छीन ली जाएगी?

मैंने कहा—बहुत से लोग ख़ुशी से दे देंगे। जो लोग ख़ुशी से न देंगे उनकी ज़मीन छीननी ही पड़ेगी। हम लोग तो तैयार बैठे हुए हैं। ज्यों ही स्वराज्य हुआ, अपने सारे इलाक़े असामियों के नाम हिब्बा कर देंगे।

मैं कुरसी पर पाँव लटकाए बैठा था। ठाकुर मेरे पाँव दबाने लगा। फिर बोला—आजकल ज़मींदार लोग बड़ा जुलुम करते हैं सरकार! हमें

भी हुजूर अपने इलाक़े में थोड़ी-सी ज़मीन दे दें; तो चलकर वहीं आपकी सेवा में रहें।

मैंने कहा—अभी तो मेरा कोई अख़्तियार नहीं है भाई, लेकिन ज्यों ही अख़्तियार मिला, मैं सबसे पहले तुम्हें बुलाऊँगा। तुम्हें मोटर-ड्राइवरी सिखाकर अपना ड्राइवर बना लूँगा।

सुना, उस दिन ठाकुर ने ख़ूब भंग पी और अपनी स्त्री को ख़ूब पीटा और गाँव के महाजन से लड़ने पर तैयार हो गया।

5

छुट्टी इस तरह तमाम हुई और हम फिर प्रयाग चले। गाँव के बहुत से लोग हम लोगों को पहुँचाने आए। ठाकुर तो हमारे साथ स्टेशन तक आया। मैंने भी अपना पार्ट ख़ूब सफाई से खेला और अपनी कुबेरोचित विनय और देवत्व की मुहर हरेक हृदय पर लगा दी। जी तो चाहता था, हरेक को अच्छा इनाम दूँ, लेकिन यह सामर्थ्य कहाँ थी? वापसी टिकट था ही, केवल गाड़ी में बैठना था; पर गाड़ी आई तो ठसाठस भरी हुई। दुर्गा पूजा की छुट्टियाँ भोगकर सभी लोग लौट रहे थे। सेकेंड क्लास में तिल रखने की जगह नहीं। इंटर क्लास की हालत उससे भी बदतर। यह आख़िरी गाड़ी थी। किसी तरह रुक न सकते थे। बड़ी मुश्किल से तीसरे दर्जे में जगह मिली। हमारे ऐश्वर्य ने वहाँ अपना रंग जमा लिया; मगर मुझे उसमें बैठना बुरा लग रहा था। आए थे आराम से लेटे-लेटे, जा रहे थे सिकुड़े हुए। पहलू बदलने की भी जगह न थी।

कई आदमी पढ़े-लिखे भी थे। आपस में अंग्रेज़ी राज्य की तारीफ करते जा रहे थे। एक महाशय बोले—ऐसा न्याय तो किसी राज्य में नहीं देखा। छोटे-बड़े सब बराबर। राजा भी किसी पर अन्याय करे, तो अदालत उसकी भी गर्दन दबा देती है।

दूसरे सज्जन ने समर्थन किया—अरे साहब, आप ख़ुद बादशाह पर दावा कर सकते हैं! अदालत में बादशाह पर डिग्री हो जाती है।

एक आदमी, जिसकी पीठ पर बड़ा-सा गट्ठर बँधा था, कलकत्ते जा रहा था। कहीं गठरी रखने की जगह न मिलती थी। पीठ पर बाँधे हुए

था। इससे बेचैन होकर बार-बार द्वार पर खड़ा हो जाता। मैं द्वार के पास ही बैठा हुआ था। उसका बार-बार आकर मेरे मुँह को अपनी गठरी से रगड़ना मुझे बहुत बुरा लग रहा था। एक तो हवा यों ही कम थी, दूसरे उस गँवार का आकर मेरे मुँह पर खड़ा हो जाना मानो मेरा गला दबाना था। मैं कुछ देर ज़ब्त किए बैठा रहा। एकाएक मुझे क्रोध आ गया। मैंने उसे पकड़कर ढकेल दिया और दो तमाचे ज़ोर-ज़ोर से लगाए।

उसने आँखें निकालकर कहा—क्यों मारते हो बाबूजी, हमने भी किराया दिया है।

मैंने उठकर दो-तीन तमाचे और जड़ दिए।

गाड़ी में तूफ़ान आ गया। चारों ओर से मुझ पर बौछार पड़ने लगी।

'अगर इतने नाज़ुक मिज़ाज हो, तो अव्वल दर्जे में क्यों नहीं बैठे?'

'कोई बड़ा आदमी होगा तो अपने घर का होगा। मुझे इस तरह मारते, तो दिखा देता।'

'क्या कसूर किया था बेचारे ने? गाड़ी में साँस लेने की जगह नहीं, खिड़की पर ज़रा साँस लेने खड़ा हो गया तो उस पर इतना क्रोध! अमीर होकर क्या आदमी अपनी इनसानियत बिलकुल खो देता है?'

'यह भी अंग्रेज़ी राज है, जिसका आप बखान कर रहे थे!'

एक ग्रामीण बोला—दफ़तरन माँ घुसन तो पावत नहीं, उस पर इत्ता मिज़ाज!

ईश्वरी ने अंग्रेज़ी में कहा—What an idiot you are Bir!

और मेरा नशा कुछ-कुछ उतरता हुआ मालूम होता था।

■

ईदगाह

रमज़ान के पूरे तीस रोज़ों के बाद आज ईद आई है। कितना मनोहर, कितना सुहावना प्रभात है। वृक्षों पर कुछ अजीब हरियाली है, खेतों में कुछ अजीब

रौनक है, आसमान पर कुछ अजीब लालिमा है। आज का सूर्य देखो, कितना प्यारा, कितना शीतल है, मानो संसार को ईद की बधाई दे रहा है। गाँव में कितनी हलचल है। ईदगाह जाने की तैयारियाँ हो रही हैं। किसी के कुरते में बटन नहीं है। पड़ोस के घर से सुई-धागा लेने दौड़ा जा रहा है। किसी के जूते कड़े हो गए हैं। उनमें तेल डालने के लिए तेली के घर भागा जाता है। जल्दी-जल्दी बैलों को सानी-पानी दे दें। ईदगाह से लौटते-लौटते दोपहर हो जाएगी। तीन कोस का पैदल रास्ता, फिर सैकड़ों आदमियों से मिलना-भेंटना। दोपहर के पहले लौटना असम्भव है। लड़के सबसे ज़्यादा प्रसन्न हैं। किसी ने एक रोज़ा रखा है, वह भी दोपहर तक, किसी ने वह भी नहीं; लेकिन ईदगाह जाने की ख़ुशी उनके हिस्से की चीज़ है। रोज़े बड़े-बूढ़ों के लिए होंगे। उनके लिए तो ईद है। रोज़ ईद का नाम रटते थे। आज वह आ गई। अब जल्दी पड़ी है कि लोग ईदगाह क्यों नहीं चलते। इन्हें गृहस्थी की चिन्ताओं से क्या प्रयोजन! सेवैयों के लिए दूध और शक्कर घर में है या नहीं, इनकी बला से, ये तो सेवैयाँ खाएँगे। वह क्या जाने कि अब्बाजान क्यों बदहवास चौधरी कायमअली के घर दौड़े जा रहे हैं। उन्हें क्या ख़बर कि चौधरी आज आँखें बदल लें, तो यह सारी ईद मुहर्रम हो जाए। उनकी अपनी जेबों में तो कुबेर का धन भरा हुआ है। बार-बार जेब से अपना ख़ज़ाना निकालकर गिनते हैं और ख़ुश होकर फिर रख लेते हैं। महमूद गिनता है, एक-दो, दस-बारह। उसके पास बारह पैसे हैं। मोहसिन के पास एक, दो, तीन, आठ, नौ, पन्द्रह पैसे हैं। इन्हीं अनगिनती पैसों में अनगिनती चीज़ें लाएँगे—खिलौने, मिठाइयाँ, बिगुल, गेंद और न जाने क्या-क्या। और सबसे ज़्यादा प्रसन्न है हामिद। वह चार-पाँच साल का ग़रीब-सूरत, दुबला-पतला लड़का, जिसका बाप गत वर्ष हैजे की भेंट हो गया और माँ न जाने क्यों पीली होती-होती एक दिन मर गई। किसी को पता न चला, क्या बीमारी है। कहती भी तो कौन सुनने वाला था। दिल पर जो कुछ बीतती थी, वह दिल में ही सहती थी और जब न सहा गया तो संसार से बिदा हो गई। अब हामिद अपनी बूढ़ी दादी अमीना की गोद में सोता है और उतना ही प्रसन्न है। उसके अब्बाजान रुपए कमाने गए हैं। बहुत-सी थैलियाँ लेकर आएँगे। अम्मीजान अल्लाह मियाँ के घर से उसके लिए बड़ी अच्छी-अच्छी चीज़ें लाने गई हैं; इसलिए हामिद प्रसन्न है। आशा

तो बड़ी चीज़ है, और फिर बच्चों की आशा! उनकी कल्पना तो राई का पर्वत बना लेती है। हामिद के पाँव में जूते नहीं हैं, सिर पर एक पुरानी-धुरानी टोपी है, जिसका गोट काला पड़ गया है, फिर भी वह प्रसन्न है। जब उसके अब्बाजान थैलियाँ और अम्मीजान नियामतें लेकर आएँगी, तो वह दिल के अरमान निकाल लेगा। तब देखेगा महमूद, मोहसिन, नूरे और सम्मी कहाँ से उतने पैसे निकालेंगे। अभागिन अमीना अपनी कोठरी में बैठी रो रही है। आज ईद का दिन और उसके घर में दाना नहीं! आज आबिद होता तो क्या इसी तरह ईद आती और चली जाती! इस अंधकार और निराशा में वह डूबी जा रही थी। किसने बुलाया था इस निगोड़ी ईद को। इस घर में उसका काम नहीं है, लेकिन हामिद! उसे किसी के मरने-जीने से क्या मतलब? उसके अन्दर प्रकाश है, बाहर आशा। विपत्ति अपना सारा दल-बल लेकर आए, हामिद की आनन्द-भरी चितवन उसका विध्वंस कर देगी।

हामिद भीतर जाकर दादी से कहता है—तुम डरना नहीं अम्माँ, मैं सबसे पहले आऊँगा। बिलकुल न डरना!

अमीना का दिल कचोट रहा है। गाँव के बच्चे अपने-अपने बाप के साथ जा रहे हैं। हामिद के बाप अमीना के सिवा और कौन है? उसे कैसे अकेले मेले जाने दे। उस भीड़-भाड़ में बच्चा कहीं खो जाए तो क्या हो। नहीं; अमीना उसे यों न जाने देगी। नन्ही-सी जान! तीन कोस चलेगा कैसे! पैर में छाले पड़ जाएँगे। जूते भी तो नहीं हैं। वह थोड़ी-थोड़ी दूर पर उसे गोद ले लेगी; लेकिन यहाँ सेवैयाँ कौन पकाएगा? पैसे होते तो लौटते-लौटते सब सामग्री जमा करके चटपट बना लेती। यहाँ तो घंटों चीज़ें जमा करते लगेंगे। माँगे ही का तो भरोसा ठहरा। उस दिन फहीमन के कपड़े सिये थे। आठ आने पैसे मिले थे। उस अठन्नी को ईमान की तरह बचाती चली आती थी इसी ईद के लिए, लेकिन कल ग्वालन सिर पर सवार हो गई तो क्या करती। हामिद के लिए कुछ नहीं है, तो दो पैसे का दूध तो चाहिए ही। अब तो कुल दो आने पैसे बच रहे हैं। तीन पैसे हामिद की जेब में, पाँच अमीना के बटवे में। यही तो बिसात है और ईद का त्योहार! अल्लाह ही बेड़ा पार लगावे। धोबन और नाइन और मेहतरानी और चूड़िहारिन सभी तो आएँगी। सभी को सेवैयाँ चाहिए और थोड़ा किसी की आँखों नहीं लगता।

किस-किस से मुँह चुराएगी। और मुँह क्या चुराए? साल भर का त्योहार है। ज़िन्दगी ख़ैरियत से रहे, उनकी तक़दीर भी तो उसी के साथ है। बच्चे को ख़ुदा सलामत रखे, ये दिन भी कट जाएँगे।

गाँव से मेला चला। और बच्चों के साथ हामिद भी जा रहा था। कभी सबके सब दौड़कर आगे निकल जाते। फिर किसी पेड़ के नीचे खड़े होकर साथवालों का इंतज़ार करते। ये लोग क्यों इतना धीरे-धीरे चल रहे हैं। हामिद के पैरों में तो जैसे पर लग गए हैं। वह कभी थक सकता है! शहर का दामन आ गया। सड़क के दोनों ओर अमीरों के बग़ीचे हैं। पक्की चारदीवारी बनी हुई है। पेड़ों में आम और लीचियाँ लगी हुई हैं। कभी-कभी कोई लड़का कँकड़ी उठाकर आम पर निशाना लगता है। माली अन्दर से गाली देता हुआ निकलता है। लड़के वहाँ से एक फर्लांग पर हैं। ख़ूब हँस रहे हैं। माली को कैसे उल्लू बनाया है।

बड़ी-बड़ी इमारतें आने लगीं; यह अदालत है, यह कॉलेज है, यह क्लब-घर है। इतने बड़े कॉलेज में कितने लड़के पढ़ते होंगे? सब लड़के नहीं हैं जी! बड़े-बड़े आदमी हैं, सच उनकी बड़ी-बड़ी मूँछें हैं। इतने बड़े हो गए, अभी तक पढ़ने जाते हैं। न जाने कब तक पढ़ेंगे और क्या करेंगे इतना पढ़कर। हामिद के मदरसे में दो-तीन बड़े-बड़े लड़के हैं, बिलकुल तीन कौड़ी के, रोज़ मार खाते हैं, काम से जी चुरानेवाले। इस जगह भी उसी तरह के लोग होंगे और क्या! क्लब-घर में जादू होता है। सुना है, यहाँ मुरदे की खोपड़ियाँ दौड़ती हैं। और बड़े-बड़े तमाशे होते हैं, पर किसी को अन्दर नहीं जाने देते। और यहाँ शाम को साहब लोग खेलते हैं। बड़े-बड़े आदमी खेलते हैं, मूँछों-दाढ़ीवाले और मेमें खेलती हैं, सच! हमारी अम्माँ को वह दे दो, क्या नाम है, बैट, तो उसे पकड़ ही न सकें। घुमाते ही लुढ़क न जाएँ।

महमूद ने कहा—हमारी अम्मीजान का तो हाथ काँपने लगे, अल्ला क़सम।

मोहसिन बोला—अम्मी मनों आटा पीस डालती हैं। ज़रा-सा बैट पकड़ लेंगी, तो हाथ काँपने लगे। सैकड़ों घड़े पानी रोज़ निकालती हैं। पाँच घड़े तो मेरी भैंस पी जाती है। किसी मेम को एक घड़ा पानी भरना पड़े तो आँखों तले अँधेरा आ जाए।

महमूद—लेकिन दौड़तीं तो नहीं, उछल-कूद तो नहीं सकतीं।

मोहसिन—हाँ, उछल-कूद नहीं कर सकतीं; लेकिन उस दिन मेरी गाय खुल गई थी और चौधरी के खेत में जा पड़ी थी, तो अम्माँ इतनी तेज़ दौड़ीं कि मैं उन्हें न पा सका, सच?

आगे चले। हलवाइयों की दुकानें शुरू हुईं। आज ख़ूब सजी हुई थीं। इतनी मिठाइयाँ कौन खाता है। देखो न, एक-एक दुकान पर मनों होंगी। सुना है, रात को जिन्नात आकर ख़रीद ले जाते हैं। अब्बा कहते थे कि आधी रात को एक आदमी हर दुकान पर जाता है और जितना माल बचा होता है, वह तुलवा लेता है और सचमुच के रुपए देता है, बिलकुल ऐसे ही रुपए।

हामिद को यक़ीन न आया—ऐसे रुपए जिन्नात को कहाँ से मिल जाएँगे?

मोहसिन ने कहा—जिन्नात को रुपए की क्या कमी? जिस ख़ज़ाने में चाहें, चले जाएँ। लोहे के दरवाज़े तक उन्हें नहीं रोक सकते जनाब, आप हैं किस फेर में। हीरे-जवाहरात तक उनके पास रहते हैं, जिससे ख़ुश हो गए, उसे टोकरों जवाहरात दे दिए। अभी यहीं बैठे हैं, पाँच मिनट में कहो कलकत्ता पहुँच जाएँ।

हामिद ने फिर पूछा—जिन्नात बहुत बड़े-बड़े होते होंगे?

मोहसिन—एक-एक आसमान के बराबर होता है जी। ज़मीन पर खड़ा हो जाए तो उसका सिर आसमान से जा लगे, मगर चाहें तो एक लोटे में घुस जाएँ।

हामिद—लोग उन्हें ख़ुश करते होंगे? कोई मुझे वह मन्तर बता दे, तो एक जिन्न को ख़ुश कर लूँ।

मोहसिन—अब यह तो मैं नहीं जानता, लेकिन चौधरी साहब के काबू में बहुत से जिन्नात हैं। कोई चीज़ चोरी चली जाए, चौधरी साहब उसका पता लगा देंगे और चोर का नाम भी बता देंगे। जुमराती का बछवा उस दिन खो गया था। तीस दिन हैरान हुए, कहीं न मिला। तब झख मारकर चौधरी के पास गए। चौधरी ने तुरन्त बता दिया कि मवेशीखाने में है, और वहीं मिला। जिन्नात आकर उन्हें सारे जहान की ख़बरें दे जाते हैं।

अब उसकी समझ में आ गया कि चौधरी के पास क्यों इतना धन है, और क्यों उनका इतना सम्मान है।

आगे चले। यह पुलिस लाइन है। यहीं सब कानिसटिबल कवायद करते हैं। रैटन! फाय फो! रात को बेचारे घूम-घूमकर पहरा देते हैं, नहीं चोरियाँ हो जाएँ। मोहसिन ने प्रतिवाद किया—यह कानिसटिबल पहरा देते हैं? तभी तुम बहुत जानते हो। अजी हजरत, यही चोरी कराते हैं। शहर के जितने चोर-डाकू हैं, सब इनसे मिले रहते हैं। रात को ये लोग चोरों से तो कहते हैं, चोरी करो और आप दूसरे मुहल्ले में जाकर 'जागते रहो! जागते रहो!' पुकारते हैं। जभी इन लोगों के पास इतने रुपए आते हैं। मेरे मामूँ एक थाने में कानिसटिबल हैं। बीस रुपया महीना पाते हैं; लेकिन पचास रुपए घर भेजते हैं। अल्ला क़सम! मैंने एक बार पूछा था कि मामूँ, आप इतने रुपए कहाँ से पाते हैं? हँसकर कहने लगे—बेटा, अल्लाह देता है। फिर आप ही बोले—लोग चाहें तो एक दिन में लाखों मार लाएँ। हम तो इतना ही लेते हैं, जिसमें अपनी बदनामी न हो और नौकरी न चली जाए।

हामिद ने पूछा—यह लोग चोरी करवाते हैं तो कोई इन्हें पकड़ता नहीं?

मोहसिन उसकी नादानी पर दया दिखाकर बोला—अरे पागल, इन्हें कौन पकड़ेगा। पकड़नेवाला तो यह ख़ुद हैं; लेकिन अल्लाह इन्हें सज़ा भी ख़ूब देता है। हराम का माल हराम में जाता है। थोड़े ही दिन हुए, मामूँ के घर में आग लग गई। सारी लेई-पूँजी जल गई। एक बरतन तक न बचा। कई दिन पेड़ के नीचे सोए, अल्ला क़सम, पेड़ के नीचे। फिर न जाने कहाँ से एक सौ क़र्ज़ लाए तो बरतन-भांडे आए।

हामिद—एक सौ तो पचास से ज़्यादा होते हैं?

'कहाँ पचास कहाँ एक सौ। पचास एक थैली-भर होता है। सौ तो दो थैलियों में भी न आवे।'

अब बस्ती घनी होने लगी थी। ईदगाह जानेवालों की टोलियाँ नज़र आने लगीं। एक-से-एक भड़कीले वस्त्र पहने हुए। कोई इक्के-ताँगे पर सवार, कोई मोटर पर, सभी इत्र में बसे; सभी के दिलों में उमंग। ग्रामीणों का यह छोटा-सा दल अपनी विपन्नता से बेख़बर, सन्तोष और धैर्य में मगन चला जा रहा था। बच्चों के लिए नगर की सभी चीज़ें अनोखी थीं। जिस चीज़ की ओर ताकते, ताक़ते ही रह जाते। और पीछे से बार-बार हॉर्न की आवाज़ होने पर भी न चेतते। हामिद तो मोटर के नीचे आते-आते बचा।

सहसा ईदगाह नज़र आया। ऊपर इमली के घने वृक्षों की छाया। नीचे पक्का फ़र्श है, जिस पर जाजिम बिछा हुआ है। और रोज़ेदारों की पंक्तियाँ एक के पीछे एक न जाने कहाँ तक चली गई हैं, पक्के जगत के नीचे तक, जहाँ जाजिम भी नहीं है। नए आनेवाले आकर पीछे की कतार में खड़े हो जाते हैं। आगे जगह नहीं है। यहाँ कोई धन और पद नहीं देखता। इस्लाम की निगाह में सब बराबर हैं। इन ग्रामीणों ने भी वजू किया और पिछली पंक्ति में खड़े हो गए। कितना सुन्दर संचालन है, कितनी सुन्दर व्यवस्था! लाखों सिर एक साथ सिजदे में झुक जाते हैं, फिर सब-के-सब एक साथ खड़े हो जाते हैं, एक साथ झुकते हैं और एक साथ घुटनों के बल बैठ जाते हैं। कई बार यही क्रिया होती है, जैसे बिजली की लाखों बत्तियाँ एक साथ प्रदीप्त हों और एक साथ बुझ जाएँ, और यही क्रम चलता रहा। कितना अपूर्व दृश्य था, जिसकी सामूहिक क्रियाएँ, विस्तार और अनन्तता हृदय को श्रद्धा, गर्व और आत्मानन्द से भर देती थीं, मानो भ्रातृत्व का एक सूत्र इन समस्त आत्माओं को एक लड़ी में पिरोये हुए है।

2

नमाज़ ख़त्म हो गई है। लोग आपस में गले मिल रहे हैं। तब मिठाई और खिलौने की दुकानों पर धावा होता है। ग्रामीणों का यह दल इस विषय में बालकों से कम उत्साही नहीं है। यह देखो, हिंडोला है। एक पैसा देकर चढ़ जाओ। कभी आसमान पर जाते हुए मालूम होंगे, कभी ज़मीन पर गिरते हुए। यह चर्खी है, लकड़ी के हाथी, घोड़े, ऊँट छड़ों से लटके हुए हैं। एक पैसा देकर बैठ जाओ और पच्चीस चक्करों का मज़ा लो। महमूद और मोहसिन और नूरे और सम्मी इन घोड़ों और ऊँटों पर बैठते हैं। हामिद दूर खड़ा है। तीन ही पैसे तो उसके पास हैं। अपने कोष का तिहाई ज़रा-सा चक्कर खाने के लिए नहीं दे सकता।

सब चर्खियों से उतरते हैं। अब खिलौने लेंगे। इधर दुकानों की कतार लगी हुई है। तरह-तरह के खिलौने हैं—सिपाही और गुजरिया, राजा और वकील, भिश्ती और धोबिन और साधू। वाह! कितने सुन्दर खिलौने हैं।

अब बोला ही चाहते हैं। महमूद सिपाही लेता है, खाकी वर्दी और लाल पगड़ीवाला, कन्धे पर बन्दूक़ रखे हुए। मालूम होता है, अभी कवायद किए चला आ रहा है। मोहसिन को भिश्ती पसन्द आया। कमर झुकी है, ऊपर मशक रखे हुए है। मशक का मुँह एक हाथ से पकड़े हुए है। कितना प्रसन्न है। शायद कोई गीत गा रहा है। बस, मशक से पानी उँडेला ही चाहता है। नूरे को वकील से प्रेम है। कैसी विद्वत्ता है उसके मुख पर! काला चोगा, नीचे सफ़ेद अचकन, अचकन के सामने की जेब में घड़ी, सुनहरी जंजीर, एक हाथ में क़ानून का पोथा लिए हुए। मालूम होता है, अभी किसी अदालत से जिरह या बहस किए चला आ रहा है। यह सब दो-दो पैसे के खिलौने हैं। हामिद के पास कुल तीन पैसे हैं; इतने महँगे खिलौने वह कैसे ले? खिलौना कहीं हाथ से छूट पड़े, तो चूर-चूर हो जाए। ज़रा पानी पड़े तो सारा रंग धुल जाए। ऐसे खिलौने लेकर वह क्या करेगा; किस काम के!

मोहसिन—मेरा भिश्ती रोज़ पानी दे जाएगा; साँझ-सबेरे।

महमूद—और मेरा सिपाही घर का पहरा देगा। कोई चोर आवेगा, तो फ़ौरन बन्दूक़ से फैर कर देगा!

नूरे—और मेरा वकील ख़ूब मुक़दमा लड़ेगा।

सम्मी—और मेरी धोबिन रोज़ कपड़े धोएगी।

हामिद खिलौनों की निन्दा करता है—मिट्टी ही के तो हैं, गिरें तो चकनाचूर हो जाएँ, लेकिन ललचाई हुई आँखों से खिलौनों को देख रहा है और चाहता है कि ज़रा देर के लिए उन्हें हाथ में ले सकता। उसके हाथ अनायास ही लपकते हैं : लेकिन लड़के इतने त्यागी नहीं होते, विशेषकर जब अभी नया शौक़ है। हामिद ललचता रह जाता है।

खिलौने के बाद मिठाइयाँ आती हैं। किसी ने रेवड़ियाँ ली हैं, किसी ने गुलाबजामुन, किसी ने सोहनहलुआ। मज़े से खा रहे हैं। हामिद उनकी बिरादरी से पृथक है। अभागे के पास तीन पैसे हैं। क्यों नहीं कुछ लेकर खाता? ललचाई आँखों से सबकी ओर देखता है।

मोहसिन कहता है—हामिद, रेवड़ी ले जा, कितनी ख़ुशबूदार है।

हामिद को सन्देह हुआ, यह केवल क्रूर विनोद है, मोहसिन इतना उदार नहीं है; लेकिन यह जानकर भी वह उसके पास जाता है। मोहसिन दोने

से एक रेवड़ी निकालकर हामिद की ओर बढ़ाता है। हामिद हाथ फैलाता है। मोहसिन रेवड़ी अपने मुँह में रख लेता है। महमूद, नूरे और सम्मी ख़ूब तालियाँ बजा-बजाकर हँसते हैं। हामिद खिसिया जाता है।

मोहसिन—अच्छा, अबकी ज़रूर देंगे हामिद, अल्ला क़सम, ले जाव।

हामिद—रखे रहो। क्या मेरे पास पैसे नहीं हैं?

सम्मी—तीन ही पैसे तो हैं। तीन पैसे में क्या-क्या लोगे?

महमूद—हमसे गुलाबजामुन ले जाव हामिद। मोहसिन बदमाश है।

हामिद—मिठाई कौन बड़ी नेमत है। किताब में इसकी कितनी बुराइयाँ लिखी हैं।

मोहसिन—लेकिन दिल में कह रहे होंगे कि मिले तो खा लें। अपने पैसे क्यों नहीं निकालते?

महमूद—हम समझते हैं इसकी चालाकी। जब हमारे सारे पैसे ख़र्च हो जाएँगे, तो हमें ललचा-ललचाकर खाएगा।

मिठाइयों के बाद कुछ दुकानें लोहे की चीज़ों की हैं। कुछ गिलट और कुछ नक़ली गहनों की। लड़कों के लिए यहाँ कोई आकर्षण न था। वह सब आगे बढ़ जाते हैं। हामिद लोहे की दुकान पर रुक जाता है। कई चिमटे रखे हुए थे। उसे ख़याल आया, दादी के पास चिमटा नहीं है। तवे से रोटियाँ उतारती है, तो हाथ जल जाता है; अगर वह चिमटा ले जाकर दादी को दे दे, तो वह कितनी प्रसन्न होंगी? फिर उनकी उँगलियाँ कभी न जलेंगी। घर में एक काम की चीज़ हो जाएगी। खिलौने से क्या फ़ायदा। व्यर्थ में पैसे ख़राब होते हैं। ज़रा देर ही तो ख़ुशी होती है। फिर तो खिलौनों को कोई आँख उठाकर नहीं देखता। या तो घर पहुँचते-पहुँचते टूट-फूटकर बराबर हो जाएँगे, या छोटे बच्चे जो मेले में नहीं आए हैं, ज़िद करके ले लेंगे और तोड़ डालेंगे। चिमटा कितने काम की चीज़ है। रोटियाँ तवे से उतार लो, चूल्हें में सेंक लो। कोई आग माँगने आवे तो चटपट चूल्हे से आग निकालकर उसे दे दो। अम्माँ बेचारी को कहाँ फुर्सत है कि बाज़ार आएँ, और इतने पैसे ही कहाँ मिलते हैं। रोज़ हाथ जला लेती हैं। हामिद के साथी आगे बढ़ गए हैं। सबील पर सब-के-सब शर्बत पी रहे हैं। देखो, सब कितने लालची हैं। इतनी मिठाइयाँ लीं, मुझे

किसी ने एक भी न दी। उस पर कहते हैं, मेरे साथ खेलो। मेरा यह काम करो। अब अगर किसी ने कोई काम करने को कहा, तो पूछूँगा। खाएँ मिठाइयाँ, आप मुँह सड़ेगा, फोड़े-फुंसियाँ निकलेंगी, आप ही ज़बान चटोरी हो जाएगी। तब घर के पैसे चुराएँगे और मार खाएँगे। किताब में झूठी बातें थोड़े ही लिखी हैं। मेरी ज़बान क्यों ख़राब होगी? अम्मा चिमटा देखते ही दौड़कर मेरे हाथ से ले लेंगी और कहेंगी—मेरा बच्चा अम्माँ के लिए चिमटा लाया है! हज़ारों दुआएँ देंगी। फिर पड़ोस की औरतों को दिखाएँगी। सारे गाँव में चरचा होने लगेगी, हामिद चिमटा लाया है। कितना अच्छा लड़का है। इन लोगों के खिलौनों पर कौन इन्हें दुआएँ देगा। बड़ों की दुआएँ सीधे अल्लाह के दरबार में पहुँचती हैं, और तुरन्त सुनी जाती हैं। मेरे पास पैसे नहीं हैं। तभी तो मोहसिन और महमूद यों मिज़ाज दिखाते हैं। मैं भी इनसे मिज़ाज दिखाऊँगा। खेलें खिलौने और खाएँ मिठाइयाँ। मैं नहीं खेलता खिलौने, किसी का मिज़ाज क्यों सहूँ। मैं ग़रीब सही, किसी से कुछ माँगने तो नहीं जाता। आख़िर अब्बाजान कभी-न-कभी आएँगे। अम्माँ भी आएँगी ही। फिर इन लोगों से पूछूँगा कितने खिलौने लोगे? एक-एक को टोकरियों खिलौने दूँ और दिखा दूँ कि दोस्तों के साथ इस तरह सलूक किया जाता है। यह नहीं कि एक पैसे की रेवड़ियाँ लीं तो चिढ़ा-चिढ़ाकर खाने लगे। सब-के-सब ख़ूब हँसेंगे कि हामिद ने चिमटा लिया है। हँसें। मेरी बला से। उसने दुकानदार से पूछा—यह चिमटा कितने का है?

दुकानदार ने उसकी ओर देखा और कोई आदमी साथ न देखकर कहा—यह तुम्हारे काम का नहीं है जी?

'बिकाऊ है?'

'बिकाऊ क्यों नहीं है। और यहाँ क्यों लाद लाए हैं?'

'तो बताते क्यों नहीं, कै पैसे का है?'

'छै पैसे लगेंगे।'

हामिद का दिल बैठ गया।

'ठीक-ठीक पाँच पैसे लगेंगे, लेना हो लो, नहीं चलते बनो।'

हामिद ने कलेजा मज़बूत करके कहा—तीन पैसे लोगे?

यह कहता हुआ वह आगे बढ़ गया कि दुकानदार की घुड़कियाँ न सुने। लेकिन दुकानदार ने घुड़कियाँ नहीं दीं। बुलाकर चिमटा दे दिया। हामिद ने उसे इस तरह कन्धे पर रखा, मानो बन्दूक़ है और शान से अकड़ता हुआ संगियों के पास आया। ज़रा सुनें, सब-के-सब क्या-क्या आलोचनाएँ करते हैं।

मोहसिन ने हँसकर कहा—यह चिमटा क्यों लाया पगले; इसे क्या करेगा? हामिद ने चिमटे को ज़मीन पर पटककर कहा—ज़रा अपना भिश्ती ज़मीन पर गिरा दो। सारी पसलियाँ चूर-चूर हो जाएँ बच्चू की।

महमूद बोला—तो यह चिमटा कोई खिलौना है?

हामिद—खिलौना क्यों नहीं? अभी कन्धे पर रखा, बन्दूक़ हो गई। हाथ में लिया, फ़क़ीरों का चिमटा हो गया। चाहूँ तो इससे मजीरे का काम ले सकता हूँ। एक चिमटा जमा दूँ तो तुम लोगों के सारे खिलौनों की जान निकल जाए। तुम्हारे खिलौने कितना ही ज़ोर लगावें, वे मेरे चिमटे का बाल भी बाँका नहीं कर सकते। मेरा बहादुर शेर है—चिमटा।

सम्मी ने खँजरी ली थी। प्रभावित होकर बोला—मेरी खँजरी से बदलोगे? दो आने की है।

हामिद ने खँजरी की ओर उपेक्षा से देखा—मेरा चिमटा चाहे तो तुम्हारी खँजरी का पेट फाड़ डाले। बस, एक चमड़े की झिल्ली लगा दी, ढब-ढब बोलने लगी। ज़रा-सा पानी लग जाए तो खतम हो जाए। मेरा बहादुर चिमटा आग में, पानी में, तूफ़ान में बराबर डटा खड़ा रहेगा।

चिमटे ने सभी को मोहित कर लिया; लेकिन अब पैसे किसके पास धरे हैं! फिर मेले से दूर निकल आए हैं, नौ कब के बज गए, धूप तेज़ हो रही है। घर पहुँचने की जल्दी हो रही है। बाप से ज़िद भी करें, तो चिमटा नहीं मिल सकता है। हामिद है बड़ा चालाक। इसीलिए बदमाश ने अपने पैसे बचा रखे थे!

अब बालकों के दो दल हो गए हैं। मोहसिन, महमूद, सम्मी और नूर एक तरफ़ हैं, हामिद अकेला दूसरी तरफ़। शास्त्रार्थ हो रहा है। सम्मी तो विधर्मी हो गया। दूसरे पक्ष से जा मिला; लेकिन मोहसिन, महमूद और नूरे भी, हामिद से एक-एक, दो-दो साल बड़े होने पर भी हामिद

के आघातों से आतंकित हो उठे हैं। उसके पास न्याय का बल है और नीति की शक्ति। एक ओर मिट्टी है, दूसरी ओर लोहा, जो इस वक़्त अपने को फ़ौलाद कह रहा है। वह अजेय है, घातक है। अगर कोई शेर आ जाए, तो मियाँ भिश्ती के छक्के छूट जाएँ, मियाँ सिपाही मिट्टी की बन्दूक़ छोड़कर भागें, वकील साहब की नानी मर जाए, चुगे में मुँह छिपाकर ज़मीन पर लेट जाएँ। मगर यह चिमटा, यह बहादुर, यह रुस्तमे-हिंद लपककर शेर की गरदन पर सवार हो जाएगा और उसकी आँखें निकाल लेगा।

मोहसिन ने एड़ी-चोटी का ज़ोर लगाकर कहा—अच्छा, पानी तो नहीं भर सकता।

हामिद ने चिमटे को सीधा खड़ा करके कहा—भिश्ती को एक डाँट बताएगा, तो दौड़ा हुआ पानी लाकर उसके द्वार पर छिड़कने लगेगा।

मोहसिन परास्त हो गया; पर महमूद ने कुमक पहुँचाई—अगर बच्चा पकड़ा जाए तो अदालत में बँधे-बँधे फिरेंगे। तब तो वकील साहब के ही पैरों पड़ेंगे।

हामिद इस प्रबल तर्क का जवाब न दे सका। उसने पूछा—हमें पकड़ने कौन आएगा?

नूरे ने अकड़कर कहा—यह सिपाही बन्दूक़ वाला।

हामिद ने मुँह चिढ़ाकर कहा—यह बेचारे हम बहादुर रुस्तमे-हिंद को पकड़ेंगे! अच्छा लाओ, अभी ज़रा कुश्ती हो जाए। इसकी सूरत देखकर दूर से भागेंगे। पकड़ेंगे क्या बेचारे!

मोहसिन को एक नई चोट सूझ गई—तुम्हारे चिमटे का मुँह रोज़ आग में जलेगा।

उसने समझा था कि हामिद लाजवाब हो जाएगा; लेकिन यह बात न हुई। हामिद ने तुरन्त जवाब दिया—आग में बहादुर ही कूदते हैं जनाब, तुम्हारे यह वकील, सिपाही और भिश्ती लौंडियों की तरह घर में घुस जाएँगे। आग में कूदना वह काम है, जो रुस्तमे-हिंद ही कर सकता है।

महमूद ने एक ज़ोर लगाया—वकील साहब कुर्सी-मेज़ पर बैठेंगे, तुम्हारा चिमटा तो बाबरचीख़ाने में ज़मीन पर पड़ा रहेगा।

इस तर्क ने सम्मी और नूरे को भी सजीव कर दिया। कितने ठिकाने की बात कही है पट्ठे ने। चिमटा बाबरचीख़ाने में पड़े रहने के सिवा और क्या कर सकता है?

हामिद को कोई फड़कता हुआ जवाब न सूझा तो उसने धाँधली शुरू की—मेरा चिमटा बाबरचीख़ाने में नहीं रहेगा। वकील साहब कुरसी पर बैठेंगे तो जाकर उन्हें ज़मीन पर पटक देगा और उनका क़ानून उनके पेट में डाल देगा।

बात कुछ बनी नहीं। खासी गाली-गलौच थी; क़ानून को पेट में डालने वाली बात छा गई। ऐसी छा गई थी कि तीनों सूरमा मुँह ताक़ते रह गए, मानो कोई धेलचा कनकौआ किसी गंडेवाले कनकौए को काट गया हो। क़ानून मुँह से बाहर निकलनेवाली चीज़ है। उसको पेट के अन्दर डाल दिया जावे, बेतुकी-सी बात होने पर भी कुछ नयापन रखती है। हामिद ने मैदान मार लिया। उसका चिमटा रुस्तमे-हिंद है। अब इसमें मोहसिन, महमूद, नूरे, सम्मी किसी को भी आपत्ति नहीं हो सकती।

विजेता को हारनेवालों से जो सत्कार मिलना स्वाभाविक है, वह हामिद को भी मिला। औरों ने तीन-तीन, चार-चार आने पैसे ख़र्च किए; पर कोई काम की चीज़ न ले सके। हामिद ने तीन पैसे में रंग जमा लिया। सच ही तो है, खिलौनों का क्या भरोसा? टूट-फूट जाएँगे। हामिद का चिमटा बना रहेगा बरसों!

सन्धि की शर्त तय होने लगी। मोहसिन ने कहा—ज़रा अपना चिमटा दो, हम भी देखें, तुम हमारा भिश्ती लेकर देखो।

महमूद और नूरे ने भी अपने-अपने खिलौने पेश किए।

हामिद को इन शर्तों के मानने में कोई आपत्ति न थी। चिमटा बारी-बारी से सबके हाथ में गया; और उनके खिलौने बारी-बारी से हामिद के हाथ में आए। कितने ख़ूबसूरत खिलौने हैं!

हामिद ने हारनेवाले के आँसू पोंछे—मैं तुम्हें चिढ़ा रहा था, सच। यह लोहे का चिमटा भला इन खिलौनों की क्या बराबरी करेगा; मालूम होता है, अब बोले, अब बोले।

लेकिन मोहसिन की पार्टी को इस दिलासे से सन्तोष नहीं होता। चिमटे

का सिक्का ख़ूब बैठ गया है। चिपका हुआ टिकट अब पानी से नहीं छूट रहा है।

मोहसिन—लेकिन इन खिलौनों के लिए कोई हमें दुआ तो न देगा।

महमूद—दुआ को लिए फिरते हो। उलटे मार न पड़े। अम्माँ ज़रूर कहेंगी कि मेले में मिट्टी के खिलौने तुम्हें मिले?

हामिद को स्वीकार करना पड़ा कि खिलौनों को देखकर किसी की माँ इतनी ख़ुश न होंगी, जितनी दादी चिमटे को देखकर होंगी। तीन पैसों ही में तो उसे सब कुछ करना था, और उन पैसों के इस उपयोग पर पछतावे की बिलकुल ज़रूरत न थी। फिर अब तो चिमटा रुस्तमे-हिंद है और सभी खिलौनों का बादशाह।

रास्ते में महमूद को भूख लगी। उसके बाप ने केले खाने को दिए। महमूद ने केवल हामिद को साझी बनाया। उसके अन्य मित्र मुँह ताक़ते रह गए। यह उस चिमटे का प्रसाद था।

3

ग्यारह बजे सारे गाँव में हलचल मच गई। मेलेवाले आ गए। मोहसिन की छोटी बहन ने दौड़कर भिश्ती उसके हाथ से छीन लिया और मारे ख़ुशी के जो उछली, तो मियाँ भिश्ती नीचे आ रहे और सुरलोक सिधारे। इस पर भाई-बहन में मार-पीट हुई। दोनों ख़ूब रोए। उनकी अम्माँ यह शोर सुनकर बिगड़ीं और दोनों को ऊपर से दो-दो चाँटे और लगाए।

मियाँ नूरे के वकील का अन्त उसकी प्रतिष्ठानुकूल इससे ज़्यादा गौरवमय हुआ। वकील ज़मीन पर या ताक पर तो नहीं बैठ सकता। उसकी मर्यादा का विचार तो रखना ही होगा। दीवार में दो खूटियाँ गाड़ी गईं। उन पर लकड़ी का एक पटरा रखा गया। पटरे पर काग़ज़ का कालीन बिछाया गया। वकील साहब राजा भोज की भाँति सिंहासन पर विराजे। नूरे ने उन्हें पंखा झलना शुरू किया। अदालतों में खस की टट्टियाँ और बिजली के पंखे रहते हैं। क्या यहाँ मामूली पंखा भी न हो। क़ानून की गर्मी दिमाग़ पर चढ़ जाएगी कि नहीं। बाँस का पंखा आया और नूरे हवा करने लगे। मालूम नहीं,

पंखे की हवा से या पंखे की चोट से वकील साहब स्वर्गलोक से मृत्युलोक में आ रहे और उनका माटी का चोला माटी में मिल गया। फिर बड़े ज़ोर-शोर से मातम हुआ और वकील साहब की अस्थि घूर पर डाल दी गई।

अब रहा महमूद का सिपाही। उसे चटपट गाँव का पहरा देने का चार्ज मिल गया; लेकिन पुलिस का सिपाही कोई साधारण व्यक्ति तो था नहीं; जो अपने पैरों चले। वह पालकी पर चलेगा। एक टोकरी आई, उसमें कुछ लाल रंग के फटे-पुराने चिथड़े बिछाए गए, जिसमें सिपाही साहब आराम से लेटे। नूरे ने यह टोकरी उठाई और अपने द्वार का चक्कर लगाने लगे। उनके दोनों छोटे भाई सिपाही की तरफ़ से 'छोनेवाले, जागते लहो' पुकारते चलते हैं। मगर रात तो अँधेरी ही होनी चाहिए। महमूद को ठोकर लग जाती है। टोकरी उसके हाथ से छूटकर गिर पड़ती है और मियाँ सिपाही अपनी बन्दूक़ लिए ज़मीन पर आ जाते हैं और उनकी एक टाँग में विकार आ जाता है। महमूद को आज ज्ञात हुआ कि वह अच्छा डॉक्टर है। उसको ऐसा मरहम मिल गया है, जिससे वह टूटी टाँग को आनन-फानन जोड़ सकता है। केवल गूलर का दूध चाहिए। गूलर का दूध आता है। टाँग जोड़ दी जाती है; लेकिन सिपाही को ज्यों ही खड़ा किया जाता है, टाँग जवाब दे जाती है। शल्यक्रिया असफल हुई, तब उसकी दूसरी टाँग भी तोड़ दी जाती है। अब कम-से-कम एक जगह आराम से बैठ तो सकता है। एक टाँग से तो न चल सकता था न बैठ सकता था। अब वह सिपाही संन्यासी हो गया है। अपनी जगह पर बैठा-बैठा पहरा देता है। कभी-कभी देवता भी बन जाता है। उसके सिर का झालरदार साफा खुरच दिया गया है। अब उसका जितना रूपान्तर चाहो, कर सकते हो। कभी-कभी तो उससे बाट का काम भी लिया जाता है।

अब मियाँ हामिद का हाल सुनिए। अमीना उसकी आवाज़ सुनते ही दौड़ी और उसे गोद में उठाकर प्यार करने लगी। सहसा उसके हाथ में चिमटा देखकर वह चौंकी।

'यह चिमटा कहाँ था?'

'मैंने मोल लिया है।'

'कै पैसे में?'

‘तीन पैसे दिए।’

अमीना ने छाती पीट ली। यह कैसा बेसमझ लड़का है कि दोपहर हुआ, कुछ खाया न पिया। लाया क्या यह चिमटा! सारे मेले में तुझे और कोई चीज़ न मिली, जो यह लोहे का चिमटा उठा लाया।

हामिद ने अपराधी भाव से कहा—तुम्हारी उँगलियाँ तवे से जल जाती थीं, इसलिए मैंने इसे ले लिया।

बुढ़िया का क्रोध तुरन्त स्नेह में बदल गया, और स्नेह भी वह नहीं, जो प्रगल्भ होता है और अपनी सारी कसक शब्दों में बिखेर देता है। यह मूक स्नेह था, ख़ूब ठोस, रस और स्वाद से भरा हुआ। बच्चे में कितना त्याग, कितना सद्भाव और कितना विवेक है! दूसरों को खिलौने लेते और मिठाई खाते देखकर उसका मन कितना ललचाया होगा। इतना ज़ब्त इससे हुआ कैसे? वहाँ भी उसे अपनी बुढ़िया दादी की याद बनी रही। अमीना का मन गद्गद हो गया।

और अब एक बड़ी विचित्र बात हुई। हामिद के इस चिमटे से भी विचित्र। बच्चे हामिद ने बूढ़े हामिद का पार्ट खेला था। बुढ़िया अमीना बालिका अमीना बन गई। वह रोने लगी। दामन फैलाकर हामिद को दुआएँ देती जाती थी और आँसू की बड़ी-बड़ी बूँदें गिराती जाती थी। हामिद इसका रहस्य क्या समझता!

■

पूस की रात

हल्कू ने आकर स्त्री से कहा—सहना आया है, लाओ, जो रुपए रखे हैं, उसे दे दूँ, किसी तरह गला तो छूटे।

मुन्नी झाड़ू लगा रही थी। पीछे फिरकर बोली—तीन ही तो रुपए हैं; दे दोगे तो कम्मल कहाँ से आवेगा? माघ-पूस की रात हार में कैसे कटेगी। उससे कह दो, फ़सल पर रुपए दे देंगे। अभी नहीं।

हल्कू एक क्षण अनिश्चित दशा में खड़ा रहा। पूस सिर पर आ गया, कम्मल के बिना हार में रात को वह किसी तरह नहीं जा सकता। मगर सहना मानेगा नहीं, घुड़कियाँ जमावेगा, गालियाँ देगा। बला से जाड़ों मरेंगे, बला सिर से टल जाएगी। यह सोचता हुआ वह अपना भारी-भरकम डील लिए हुए (जो उसके नाम को झूठ सिद्ध करता था) स्त्री के समीप आ गया और ख़ुशामद करके बोला—ला दे दे, गला तो छूटे। कम्मल के लिए कोई दूसरा उपाय सोचूँगा।

मुन्नी उसके पास से दूर हट गई और आँखें तरेरती हुई बोली—कर चुके दूसरा उपाय! ज़रा सुनूँ, कौन उपाय करोगे? कोई खैरात दे देगा कम्मल? न जाने कितनी बाक़ी है जो किसी तरह चुकने ही नहीं आती। मैं कहती हूँ, तुम क्यों नहीं खेती छोड़ देते? मर-मर काम करो, उपज हो तो बाक़ी दे दो, चलो छुट्टी हुई। बाक़ी चुकाने के लिए ही तो हमारा जनम हुआ है। पेट के लिए मजूरी करो। ऐसी खेती से बाज आए। मैं रुपए न दूँगी—न दूँगी।

हल्कू उदास होकर बोला—तो क्या गाली खाऊँ?

मुन्नी ने तड़पकर कहा—गाली क्यों देगा, क्या उसका राज है?

मगर यह कहने के साथ उसकी तनी हुई भौंहें ढीली पड़ गईं। हल्कू के उस वाक्य में जो कठोर सत्य था, वह मानो एक भीषण जन्तु की भाँति उसे घूर रहा था।

उसने जाकर आले पर से रुपए निकाले और लाकर हल्कू के हाथ पर रख दिए। फिर बोली—तुम छोड़ दो अबकी से खेती। मजूरी में सुख से एक रोटी खाने को तो मिलेगी। किसी की धौंस तो न रहेगी। अच्छी खेती है! मजूरी करके लाओ, वह उसी में झोंक दो, उस पर से धौंस।

हल्कू ने रुपए लिए और इस तरह बाहर चला मानो अपना हृदय निकालकर देने जा रहा हो। उसने मजूरी से एक-एक पैसा काट-कपटकर तीन रुपए कम्मल के लिए जमा किए थे। वह आज निकले जा रहे थे। एक-एक पग के साथ उसका मस्तक अपनी दीनता के भार से दबा जा रहा था।

2

पूस की अँधेरी रात! आकाश पर तारे ठिठुरते हुए मालूम होते थे। हल्कू अपने खेत के किनारे ऊख के पत्तों की एक छतरी के नीचे बाँस के खटोले पर अपनी पुरानी गाढ़े की चादर ओढ़े काँप रहा था। खाट के नीचे उसका संगी कुत्ता जबरा पेट में मुँह डाले सर्दी से कूँ-कूँ कर रहा था। दो में से एक को भी नींद न आती थी।

हल्कू ने घुटनियों को गर्दन में चिपकाते हुए कहा—क्यों जबरा, जाड़ा लगता है? कहता तो था, घर में पुआल पर लेट रह, तो यहाँ क्या लेने आए थे। अब खाओ ठंड, मैं क्या करूँ? जानते थे, मैं यहाँ हलुवा-पूरी खाने आ रहा हूँ, दौड़े-दौड़े आगे-आगे चले आए। अब रोओ नानी के नाम को।

जबरा ने पड़े-पड़े दुम हिलाई और अपनी कूँ-कूँ को दीर्घ बनाता हुआ एक बार जम्हाई लेकर चुप हो गया। उसकी श्वान-बुद्धि ने शायद ताड़ लिया, स्वामी को मेरी कूँ-कूँ से नींद नहीं आ रही है।

हल्कू ने हाथ निकालकर जबरा की ठंडी पीठ सहलाते हुए कहा—कल से मत आना मेरे साथ, नहीं तो ठंडे हो जाओगे। यह राँड पछुआ न जाने कहाँ से बरफ लिए आ रही है। उठूँ, फिर एक चिलम भरूँ। किसी तरह रात तो कटे! आठ चिलम तो पी चुका। यह खेती का मज़ा है! और एक-एक भागवान ऐसे पड़े हैं, जिनके पास जाड़ा जाए तो गर्मी से घबराकर भागे। मोटे-मोटे गद्दे, लिहाफ-कम्मल। मजाल है कि जाड़े का गुज़र हो जाए। तक़दीर की बख़ूबी है! मजूरी हम करें, मज़ा दूसरे लूटें!

हल्कू उठा और गड्ढे में से ज़रा-सी आग निकालकर चिलम भरी। जबरा भी उठ बैठा।

हल्कू ने चिलम पीते हुए कहा, पिएगा चिलम, जाड़ा तो क्या जाता है, ज़रा मन बहल जाता है।

जबरा ने उसके मुँह की ओर प्रेम से छलकती हुई आँखों से देखा।

हल्कू—आज और जाड़ा खा ले। कल से मैं यहाँ पुआल बिछा दूँगा। उसी में घुसकर बैठना, तब जाड़ा न लगेगा।

जबरा ने अगले पंजे उसकी घुटनियों पर रख दिए और उसके मुँह के पास अपना मुँह ले गया। हल्कू को उसकी गर्म साँस लगी।

चिलम पीकर हल्कू फिर लेटा और निश्चय करके लेटा कि चाहे कुछ हो अबकी सो जाऊँगा, पर एक ही क्षण में उसके हृदय में कम्पन होने लगा। कभी इस करवट लेटता, कभी उस करवट; पर जाड़ा किसी पिशाच की भाँति उसकी छाती को दबाए हुए था।

जब किसी तरह न रहा गया तो उसने जबरा को धीरे से उठाया और उसके सिर को थपथपाकर उसे अपनी गोद में सुला लिया। कुत्ते की देह से जाने कैसी दुर्गंध आ रही थी, पर वह उसे अपनी गोद से चिपटाए हुए ऐसे सुख का अनुभव कर रहा था, जो इधर महीनों से उसे न मिला था। जबरा शायद समझ रहा था कि स्वर्ग यही है; और हल्कू की पवित्र आत्मा में तो उस कुत्ते के प्रति घृणा की गंध तक न थी। अपने किसी अभिन्न मित्र या भाई को भी वह इतनी ही तत्परता से गले लगाता। वह अपनी दीनता से आहत न था, जिसने आज उसे इस दशा को पहुँचा दिया। नहीं, इस अनोखी मैत्री ने जैसे उसकी आत्मा के सब द्वार खोल दिए थे और उसका एक-एक अणु प्रकाश से चमक रहा था।

सहसा जबरा ने किसी जानवर की आहट पाई। इस विशेष आत्मीयता ने उसमें एक नई स्फूर्ति पैदा कर दी थी, जो हवा के ठंडे झोकों को तुच्छ समझती थी। वह झपटकर उठा और छतरी के बाहर आकर भूँकने लगा। हल्कू ने उसे कई बार चुमकारकर बुलाया; पर वह उसके पास न आया। हार में चारों तरफ़ दौड़-दौड़कर भूँकता रहा। एक क्षण के लिए आ भी जाता तो तुरन्त ही फिर दौड़ता। कर्तव्य उसके हृदय में अरमान की भाँति उछल रहा था।

3

एक घंटा और गुज़र गया। रात ने शीत को हवा से धधकाना शुरू किया। हल्कू उठ बैठा और दोनों घुटनों को छाती से मिलाकर सिर को उसमें छिपा लिया। फिर भी ठंड कम न हुई। ऐसा जान पड़ता था, सारा रक्त जम गया है, धमनियों में रक्त की जगह हिम बह रहा है। उसने झुककर

आकाश की ओर देखा, अभी कितनी रात बाक़ी है। सप्तर्षि अभी आकाश में आधे भी नहीं चढ़े। ऊपर आ जाएँगे तब कहीं सबेरा होगा। अभी पहर भर से ऊपर रात है।

हल्कू के खेत से कोई एक गोली के टप्पे पर आमों का बाग़ था। पतझड़ शुरू हो गई थी। बाग़ में पत्तियों का ढेर लगा हुआ था। हल्कू ने सोचा, चलकर पत्तियाँ बटोरूँ और उन्हें जलाकर ख़ूब तापूँ। रात को कोई मुझे पत्तियाँ बटोरते देखे तो समझे कोई भूत है। कौन जाने कोई जानवर ही छिपा बैठा हो; मगर अब तो बैठे नहीं रहा जाता।

उसने पास के अरहर के खेत में जाकर कई पौधे उखाड़ लिए और उनका एक झाड़ू बनाकर हाथ में सुलगता हुआ उपला लिए बग़ीचे की तरफ़ चला। जबरा ने उसे आते देखा तो पास आया और दुम हिलाने लगा।

हल्कू ने कहा—अब तो नहीं रहा जाता जबरू! चलो, बग़ीचे में पत्तियाँ बटोरकर तापें। टाँटे हो जाएँगे, तो फिर आकर सोएँगे। अभी तो रात बहुत है।

जबरा ने कूँ-कूँ करके सहमति प्रकट की और आगे-आगे बग़ीचे की ओर चला।

बग़ीचे में ख़ूब अँधेरा छाया हुआ था और अंधकार में निर्दय पवन पत्तियों को कुचलता हुआ चला जाता था। वृक्षों से ओस की बूँदें टप-टप नीचे टपक रही थीं।

एकाएक एक झोंका मेहँदी के फूलों की ख़ुशबू लिए हुए आया।

हल्कू ने कहा—कैसी अच्छी महक आई जबरू! तुम्हारी नाक में भी सुगंध आ रही है?

जबरा को कहीं ज़मीन पर एक हड्डी पड़ी मिल गई थी। उसे वह चिचोड़ रहा था।

हल्कू ने आग ज़मीन पर रख दी और पत्तियाँ बटोरने लगा। ज़रा देर में पत्तियों का एक ढेर लग गया। हाथ ठिठुरे जाते थे। नंगे पाँव गले जाते थे। और वह पत्तियों का पहाड़ खड़ा कर रहा था। इसी अलाव में वह ठंड को जलाकर भस्म कर देगा।

थोड़ी देर में अलाव जल उठा। उसकी लौ ऊपर वाले वृक्ष की पत्तियों को छू-छूकर भागने लगीं। उस अस्थिर प्रकाश में बग़ीचे के विशाल वृक्ष

ऐसे मालूम होते थे, मानो उस अथाह अंधकार को अपने सिरों पर सँभाले हुए हों। अंधकार के उस अनन्त सागर में यह प्रकाश एक नौका के समान हिलता, मचलता हुआ जान पड़ता था।

हल्कू अलाव के सामने बैठा आग ताप रहा था। एक क्षण में उसने दोहर उतारकर बग़ल में दबा ली और दोनों पाँव फैला दिए, मानो ठंड को ललकार रहा हो, तेरे जी में जो आए सो कर। ठंड की असीम शक्ति पर विजय पाकर वह विजय-गर्व को हृदय में छिपा न सकता था।

उसने जबरा से कहा—क्यों जब्बर, अब ठंड नहीं लग रही है?

जब्बर ने कूँ-कूँ करके मानो कहा—अब क्या ठंड लगती ही रहेगी।

'पहले से यह उपाय न सूझा, नहीं इतनी ठंड क्यों खाते।'

जबरा ने पूँछ हिलाई।

'अच्छा आओ, इस अलाव को कूद कर पार करें। देखें, कौन निकल जाता है। अगर जल गए बच्चा, तो मैं दवा न करूँगा।'

जबरा ने उस अग्निराशि की ओर कातर नेत्रों से देखा।

'मुन्नी से कल न कह देना नहीं तो लड़ाई करेगी।'

यह कहता हुआ वह उछला और अलाव के ऊपर से साफ़ निकल गया। पैरों में ज़रा लपट लगी; पर वह कोई बात न थी। जबरा आग के गिर्द घूमकर उसके पास आ खड़ा हुआ।

हल्कू ने कहा—चलो-चलो, इसकी सही नहीं। ऊपर से कूदकर आओ। वह फिर कूदा और अलाव के इस पार आ गया।

4

पत्तियाँ जल चुकी थीं। बग़ीचे में फिर अँधेरा छाया था। राख के नीचे कुछ-कुछ आग बाक़ी थी, जो हवा का झोंका आ जाने पर ज़रा जाग उठती थी; पर एक क्षण में फिर आँखें बन्द कर लेती थी।

हल्कू ने फिर चादर ओढ़ ली और गर्म राख के पास बैठा हुआ एक गीत गुनगुनाने लगा। उसके बदन में गर्मी आ गई थी; पर ज्यों-ज्यों शीत बढ़ती जाती थी, उसे आलस्य दबाए लेता था।

जबरा ज़ोर से भूँककर खेत की ओर भागा। हल्कू को ऐसा मालूम हुआ कि जानवरों का एक झुंड उसके खेत में आया है। शायद नीलगायों का झुंड था। उनके कूदने-दौड़ने की आवाज़ें साफ़ कान में आ रही थीं। फिर ऐसा मालूम हुआ कि वह खेत में चर रही हैं। उनके चबाने की आवाज़ चर-चर सुनाई देने लगी।

उसने दिल में कहा—नहीं, जबरा के होते कोई जानवर खेत में नहीं आ सकता। नोच ही डाले। मुझे भ्रम हो रहा है। कहाँ! अब तो कुछ नहीं सुनाई देता। मुझे भी कैसा धोखा हुआ।

उसने ज़ोर से आवाज़ लगाई—जबरा, जबरा।

जबरा भूँकता रहा। उसके पास न आया।

फिर खेत के चरे जाने की आहट मिली। अब वह अपने को धोखा न दे सका। उसे अपनी जगह से हिलना ज़हर लग रहा था। कैसा दंदाया हुआ था। इस जाड़े-पाले में खेत में जाना, जानवरों के पीछे दौड़ना असूझ जान बैठा पड़ा। वह अपनी जगह से न हिला।

उसने ज़ोर से आवाज़ लगाई—लिहो-लिहो! लिहो!!

जबरा भूँक उठा। जानवर खेत चर रहे थे। फ़सल तैयार है। कैसी अच्छी खेती थी; पर ये दुष्ट जानवर उसका सर्वनाश किए डालते हैं।

हल्कू पक्का इरादा करके उठा और दो-तीन क़दम चला; पर एकाएक हवा का ऐसा ठंडा, चुभनेवाला, बिच्छू के डंक का-सा झोंका लगा कि वह फिर बुझते हुए अलाव के पास आ बैठा और राख को कुरेदकर अपनी ठंडी देह को गर्माने लगा।

जबरा अपना गला फाड़े डालता था, नीलगाएं खेत का सफाया किए डालती थीं। और हल्कू गर्म राख के पास शान्त बैठा हुआ था। अकर्मण्यता ने रस्सियों की भाँति उसे चारों तरफ़ से जकड़ रखा था।

उसी राख के पास गर्म ज़मीन पर वह चादर ओढ़कर सो गया।

सबेरे जब उसकी नींद खुली, तब चारों तरफ़ धूप फैल गई थी। और मुन्नी कह रही थी—क्या आज सोते ही रहोगे? तुम यहाँ आकर रम गए और उधर सारा खेत चौपट हो गया।

हल्कू ने उठकर कहा—क्या तू खेत से होकर आ रही है?

मुन्नी बोली—हाँ, सारे खेत का सत्यानाश हो गया। भला ऐसा भी कोई सोता है! तुम्हारे मड़ैया डालने से क्या हुआ?

हल्कू ने बहाना किया—मैं मरते-मरते बचा, तुझे अपने खेत की पड़ी है। पेट में ऐसा दरद हुआ, कि मैं ही जानता हूँ।

दोनों फिर खेत की डाँड़ पर आए। देखा, सारा खेत रौंदा पड़ा हुआ है, और जबरा मड़ैया के नीचे चित लेटा है; मानो प्राण ही न हों।

दोनों खेत की दशा देख रहे थे। मुन्नी के मुख पर उदासी छाई थी। पर हल्कू प्रसन्न था।

मुन्नी ने चिन्तित होकर कहा—अब मजूरी करके मालगुजारी भरनी पड़ेगी।

हल्कू ने प्रसन्न-मुख से कहा—रात की ठंड में यहाँ सोना तो न पड़ेगा।

■

नमक का दारोग़ा

जब नमक का नया विभाग बना और ईश्वरप्रदत्त वस्तु के व्यवहार करने का निषेध हो गया तो लोग चोरी-छिपे इसका व्यवहार करने लगे। अनेक प्रकार के छल-प्रपंचों का सूत्रपात हुआ, कोई घूस से काम निकालता था, कोई चालाकी से। अधिकारियों के पौ-बारह थे। पटवारीगिरी का सर्वसम्मानित पद छोड़-छोड़कर लोग इस विभाग की बरकंदाजी करते थे। इसके दारोग़ा पद के लिए तो वकीलों का भी जी ललचाता था। यह वह समय था जब अँगरेज़ी शिक्षा और ईसाई मत को लोग एक ही वस्तु समझते थे। फारसी का प्राबल्य था। प्रेम की कथाएँ और श्रृंगार रस के काव्य पढ़कर फारसीदाँ लोग सर्वोच्च पदों पर नियुक्त हो जाया करते थे। मुंशी वंशीधर भी जुलेखा की विरहकथा समाप्त करके मजनूँ और फरहाद के प्रेम-वृत्तांत को नल और नील की लड़ाई और अमेरिका के आविष्कार से अधिक महत्त्व की बातें समझते हुए रोज़गार की खोज में निकले। उनके पिता एक अनुभवी

पुरुष थे। समझाने लगे, बेटा! घर की दुर्दशा देख रहे हो। ऋण के बोझ से दबे हुए हैं। लड़कियाँ हैं, वह घास-फूस की तरह बढ़ती चली जाती हैं। मैं कगारे पर का वृक्ष हो रहा हूँ, न मालूम कब गिर पड़ूँ! अब तुम्हीं घर के मालिक-मुख्तार हो। नौकरी में ओहदे की ओर ध्यान मत देना, यह तो पीर का मज़ार है। निगाह चढ़ावे और चादर पर रखनी चाहिए। ऐसा काम ढूँढ़ना जहाँ कुछ ऊपरी आय हो। मासिक वेतन तो पूर्णमासी का चाँद है, जो एक दिन दिखाई देता है और घटते-घटते लुप्त हो जाता है। ऊपरी आय बहता हुआ स्रोत है जिससे सदैव प्यास बुझती है। वेतन मनुष्य देता है, इसी से उसमें वृद्धि नहीं होती। ऊपरी आमदनी ईश्वर देता है, इसी से उसकी बरकत होती है, तुम स्वयं विद्वान् हो, तुम्हें क्या समझाऊँ। इस विषय में विवेक की बड़ी आवश्यकता है। मनुष्य को देखो, उसकी आवश्यकता को देखो और अवसर देखो, उसके उपरान्त जो उचित समझो, करो। ग़रज़वाले आदमी के साथ कठोरता करने में लाभ ही लाभ है। लेकिन बेग़रज़ को दाँव पर पाना ज़रा कठिन है। इन बातों को निगाह में बाँध लो। यह मेरी जन्म भर की कमाई है।

इस उपदेश के बाद पिताजी ने आशीर्वाद दिया। वंशीधर आज्ञाकारी पुत्र थे। ये बातें ध्यान से सुनीं और तब घर से चल खड़े हुए। इस विस्तृत संसार में उनके लिए धैर्य अपना मित्र, बुद्धि अपनी पथप्रदर्शक और आत्मावलम्बन ही अपना सहायक था। लेकिन अच्छे शकुन से चले थे, जाते ही जाते नमक विभाग के दारोग़ा पद पर प्रतिष्ठित हो गए। वेतन अच्छा और ऊपरी आय का तो ठिकाना ही न था। वृद्ध मुंशी जी को सुख-संवाद मिला तो फूले न समाए। महाजन कुछ नरम पड़े, कलवार की आशालता लहलहाई। पड़ोसियों के हृदय में शूल उठने लगे।

2

जाड़े के दिन थे और रात का समय। नमक के सिपाही, चौकीदार नशे में मस्त थे। मुंशी वंशीधर को यहाँ आए अभी छह महीनों से अधिक न हुए थे, लेकिन इस थोड़े समय में ही उन्होंने अपनी कार्यकुशलता और उत्तम आचार

से अफ़सरों को मोहित कर लिया था। अफ़सर लोग उन पर बहुत विश्वास करने लगे। नमक के दफ़्तर से एक मील पूर्व की ओर जमुना बहती थी, उस पर नावों का एक पुल बना हुआ था। दारोग़ा जी किवाड़ बन्द किए मीठी नींद से सो रहे थे। अचानक आँख खुली तो नदी के प्रवाह की जगह गाड़ियों की गड़गड़ाहट तथा मल्लाहों का कोलाहल सुनाई दिया। उठ बैठे। इतनी रात गए गाड़ियाँ क्यों नदी के पार जाती हैं? अवश्य कुछ न कुछ गोलमाल है। तर्क ने भ्रम को पुष्ट किया। वरदी पहनी, तमंचा जेब में रखा और बात की बात में घोड़ा बढ़ाए हुए पुल पर आ पहुँचे। गाड़ियों की एक लम्बी कतार पुल के पार जाती देखी। डाँटकर पूछा, किसकी गाड़ियाँ हैं।

थोड़ी देर तक सन्नाटा रहा। आदमियों में कुछ कानाफूसी हुई तब आगे वाले ने कहा—पंडित अलोपीदीन की।

'कौन पंडित अलोपीदीन!'

'दातागंज के।'

मुंशी वंशीधर चौंके। पंडित अलोपीदीन इस इलाक़े के सबसे प्रतिष्ठित ज़मींदार थे। लाखों रुपए का लेन-देन करते थे, इधर छोटे से बड़े कौन ऐसे थे जो उनके ऋणी न हों। व्यापार भी बड़ा लम्बा-चौड़ा था। बड़े चलते-पुरजे आदमी थे। अँगरेज़ अफ़सर उनके इलाक़े में शिकार खेलने आते और उनके मेहमान होते। बारहों मास सदाव्रत चलता था।

मुंशीजी ने पूछा, गाड़ियाँ कहाँ जाएँगी? उत्तर मिला, कानपुर। लेकिन इस प्रश्न पर कि इनमें क्या है, सन्नाटा छा गया। दारोग़ा साहब का सन्देह और भी बढ़ा। कुछ देर तक उत्तर की बाट देखकर वह ज़ोर से बोले, क्या गूँगे हो गए हो? हम पूछते हैं, इनमें क्या लदा है?

जब इस बार भी कोई उत्तर न मिला तो उन्होंने घोड़े को एक गाड़ी से मिलाकर बोरे को टटोला। भ्रम दूर हो गया। यह नमक के ढेले थे।

3

पंडित अलोपीदीन अपने सजीले रथ पर सवार, कुछ सोते, कुछ जागते चले आते थे। अचानक कई गाड़ीवानों ने घबराए हुए आकर जगाया और

बोले—महाराज! दारोग़ा ने गाड़ियाँ रोक दी हैं और घाट पर खड़े आपको बुलाते हैं।

पंडित अलोपीदीन का लक्ष्मी जी पर अखंड विश्वास था। वह कहा करते थे कि संसार का तो कहना ही क्या, स्वर्ग में भी लक्ष्मी का ही राज्य है। उनका यह कहना यथार्थ ही था। न्याय और नीति सब लक्ष्मी के ही खिलौने हैं, इन्हें वह जैसे चाहती हैं नचाती हैं। लेटे ही लेटे गर्व से बोले, चलो हम आते हैं। यह कहकर पंडित जी ने बड़ी निश्चिन्तता से पान के बीड़े लगाकर खाए। फिर लिहाफ ओढ़े हुए दारोग़ा के पास आकर बोले, बाबू जी आशीर्वाद! कहिए, हमसे ऐसा कौन-सा अपराध हुआ कि गाड़ियाँ रोक दी गईं। हम ब्राह्मणों पर तो आपकी कृपा-दृष्टि रहनी चाहिए।

वंशीधर रुखाई से बोले, सरकारी हुक्म!

पं. अलोपीदीन ने हँसकर कहा, हम सरकारी हुक्म को नहीं जानते और न सरकार को। हमारे सरकार तो आप ही हैं। हमारा और आपका तो घर का मामला है, हम कभी आपसे बाहर हो सकते हैं? आपने व्यर्थ का कष्ट उठाया। यह हो नहीं सकता कि इधर से जाएँ और इस घाट के देवता को भेंट न चढ़ावें। मैं तो आपकी सेवा में स्वयं ही आ रहा था। वंशीधर पर ऐश्वर्य की मोहिनी वंशी का कुछ प्रभाव न पड़ा। ईमानदारी की नई उमंग थी। कड़ककर बोले, हम उन नमकहरामों में नहीं हैं जो कौड़ियों पर अपना ईमान बेचते फिरते हैं। आप इस समय हिरासत में हैं। आपका कायदे के अनुसार चालान होगा। बस, मुझे अधिक बातों की फुर्सत नहीं है। जमादार बदलूसिंह! तुम इन्हें हिरासत में ले चलो, मैं हुक्म देता हूँ।

पं. अलोपीदीन स्तम्भित हो गए। गाड़ीवानों में हलचल मच गई। पंडित जी के जीवन में कदाचित् यह पहला ही अवसर था कि पंडित को ऐसी कठोर बातें सुननी पड़ीं। बदलूसिंह आगे बढ़ा, किन्तु रोब के मारे यह साहस न हुआ कि उनका हाथ पकड़ सके। पंडित जी ने धर्म को धन का ऐसा निरादर करते कभी न देखा था। विचार किया कि यह अभी उद्दंड लड़का है। माया-मोह के जाल में अभी नहीं पड़ा। अल्हड़ है, झिझकता है। बहुत दीन-भाव से बोले, बाबू साहब, ऐसा न कीजिए, हम मिट जाएँगे।

इज़्ज़त धूल में मिल जाएगी। हमारा अपमान करने से आपके हाथ क्या आएगा। हम किसी तरह आपसे बाहर थोड़े ही हैं!

वंशीधर ने कठोर स्वर में कहा, हम ऐसी बातें नहीं सुनना चाहते।

अलोपीदीन ने जिस सहारे को चट्टान समझ रखा था, वह पैरों के नीचे खिसकता हुआ मालूम हुआ। स्वाभिमान और धन-ऐश्वर्य को कड़ी चोट लगी। किन्तु अभी तक धन की सांख्यिक शक्ति का पूरा भरोसा था। अपने मुख्तार से बोले, लाला जी, एक हज़ार के नोट बाबू साहब की भेंट करो, आप इस समय भूखे सिंह हो रहे हैं।

वंशीधर ने गरम होकर कहा, एक हज़ार नहीं, एक लाख भी मुझे सच्चे मार्ग से नहीं हटा सकते।

धर्म की इस बुद्धिहीन दृढ़ता और देव-दुर्लभ त्याग पर मन बहुत झुँझलाया। अब दोनों शक्तियों में संग्राम होने लगा। धन ने उछल-उछलकर आक्रमण करने शुरू किए। एक से पाँच, पाँच से दस, दस से पन्द्रह और पन्द्रह से बीस हज़ार तक नौबत पहुँची, किन्तु धर्म अलौकिक वीरता के साथ इस बहुसंख्यक सेना के सम्मुख अकेला पर्वत की भाँति अटल, अविचलित खड़ा था।

अलोपीदीन निराश होकर बोले—अब इससे अधिक मेरा साहस नहीं। आगे आपको अधिकार है।

वंशीधर ने अपने जमादार को ललकारा। बदलूसिंह मन में दारोग़ा जी को गालियाँ देता हुआ पंडित अलोपीदीन की ओर बढ़ा। पंडित जी घबड़ाकर दो-तीन क़दम पीछे हट गए। अत्यन्त दीनता से बोले—बाबू साहब, ईश्वर के लिए मुझ पर दया कीजिए, मैं पच्चीस हज़ार पर निपटारा करने को तैयार हूँ।

'असम्भव बात है।'

'तीस हज़ार पर।'

'किसी तरह भी सम्भव नहीं।'

'क्या चालीस हज़ार पर भी नहीं?'

'चालीस हज़ार नहीं, चालीस लाख पर भी असम्भव है।'

'बदलूसिंह, इस आदमी को अभी हिरासत में ले लो। अब मैं एक शब्द भी नहीं सुनना चाहता।'

धर्म ने धन को पैरों तले कुचल डाला। अलोपीदीन ने एक हृष्ट-पुष्ट मनुष्य को हथकड़ियाँ लिए हुए अपनी तरफ़ आते देखा। चारों ओर निराश और कातर दृष्टि से देखने लगे। इसके बाद मूर्च्छित होकर गिर पड़े।

4

दुनिया सोती थी पर दुनिया की जीभ जागती थी। सबेरे देखिए तो बालक-वृद्ध सबके मुँह से यही बात सुनाई देती थी। जिसे देखिए वही पंडित जी के इस व्यवहार पर टीका-टिप्पणी कर रहा था, निन्दा की बौछारें हो रही थीं, मानो संसार से अब पापी का पाप कट गया। पानी को दूध के नाम से बेचनेवाला ग्वाला, कल्पित रोजनामचे भरने वाले अधिकारी वर्ग, रेल में बिना टिकट सफ़र करनेवाले बाबू लोग, जाली दस्तावेज़ बनानेवाले सेठ और साहूकार यह सब के सब देवताओं की भाँति गर्दनें चला रहे थे। जब दूसरे दिन पंडित अलोपीदीन अभियुक्त होकर कांस्टेबलों के साथ, हाथों में हथकड़ियाँ, हृदय में ग्लानि और क्षोभ भरे, लज्जा से गर्दन झुकाए अदालत की तरफ़ चले तो सारे शहर में हलचल मच गई। मेलों में कदाचित् आँखें इतनी व्यग्र न होती होंगी। भीड़ के मारे छत और दीवार में कोई भेद न रहा।

किन्तु अदालत में पहुँचने की देर थी। पंडित अलोपीदीन इस अगाध वन के सिंह थे। अधिकारी वर्ग उनके भक्त, अमले उनके सेवक, वकील-मुख्तार उनके आज्ञापालक और अरदली, चपरासी तथा चौकीदार तो उनके बिना मोल के ग़ुलाम थे। उन्हें देखते ही लोग चारों तरफ़ से दौड़े। सभी लोग विस्मित हो रहे थे। इसलिए नहीं कि अलोपीदीन ने क्यों यह कर्म किया बल्कि इसलिए कि वह क़ानून के पंजे में कैसे आए। ऐसा मनुष्य जिसके पास असाध्य साधन करने वाला धन और अनन्य वाचालता हो, वह क्यों क़ानून के पंजे में आए। प्रत्येक मनुष्य उनसे सहानुभूति प्रकट करता था। बड़ी तत्परता से इस आक्रमण को रोकने के निमित्त वकीलों की एक सेना तैयार की गई। न्याय के मैदान में धर्म और धन में युद्ध ठन गया। वंशीधर चुपचाप खड़े थे। उनके पास सत्य के सिवा न कोई बल था, न स्पष्ट भाषण के अतिरिक्त कोई शस्त्र। गवाह थे, किन्तु लोभ से डाँवाँडोल।

यहाँ तक कि मुंशी जी को न्याय भी अपनी ओर से कुछ खिंचा हुआ दीख पड़ता था। वह न्याय का दरबार था, परन्तु उसके कर्मचारियों पर पक्षपात का नशा छाया हुआ था। किन्तु पक्षपात और न्याय का क्या मेल? जहाँ पक्षपात हो, वहाँ न्याय की कल्पना भी नहीं की जा सकती। मुक़दमा शीघ्र ही समाप्त हो गया। डिप्टी मजिस्ट्रेट ने अपनी तजवीज में लिखा, पंडित अलोपीदीन के विरुद्ध दिए गए प्रमाण निर्मूल और भ्रमात्मक हैं। वह एक बड़े भारी आदमी हैं। यह बात कल्पना के बाहर है कि उन्होंने थोड़े लाभ के लिए ऐसा दुस्साहस किया हो। यद्यपि नमक के दारोग़ा मुंशी वंशीधर का अधिक दोष नहीं, लेकिन यह बड़े खेद की बात है कि उसकी उद्दंडता और विचारहीनता के कारण एक भलेमानुस को कष्ट झेलना पड़ा। हम प्रसन्न हैं कि वह अपने काम से सजग और सचेत रहता है, किन्तु नमक से मुक़दमे की बढ़ी हुई नमकहलाली ने उसके विवेक और बुद्धि को भ्रष्ट कर दिया। भविष्य में उसे होशियार रहना चाहिए।

वकीलों ने यह फ़ैसला सुना और उछल पड़े। पंडित अलोपीदीन मुस्कुराते हुए बाहर निकले। स्वजन बांधवों ने रुपयों की लूट की। उदारता का सागर उमड़ पड़ा। उसकी लहरों ने अदालत की नींव तक हिला दी। जब वंशीधर बाहर निकले तो चारों ओर से उनके ऊपर व्यंगबाणों की वर्षा होने लगी। चपरासियों ने झुक-झुककर सलाम किए। किन्तु इस समय एक-एक कटु वाक्य, एक-एक संकेत उनकी गर्वाग्नि को प्रज्वलित कर रहा था। कदाचित् इस मुक़दमे में सफल होकर वह इस तरह अकड़ते हुए न चलते। आज उन्हें संसार का एक खेदजनक विचित्र अनुभव हुआ। न्याय और विद्वत्ता, लम्बी-चौड़ी उपाधियाँ, बड़ी-बड़ी दाढ़ियाँ और ढीले चोंगे एक भी सच्चे आदर के पात्र नहीं हैं।

वंशीधर ने धन से बैर मोल लिया था, उसका मूल्य चुकाना अनिवार्य था। कठिनता से एक सप्ताह बीता होगा कि मुअत्तली का परवाना आ पहुँचा। कार्यपरायणता का दंड मिला। बेचारे भग्नहृदय, शोक और खेद से व्यथित घर को चले। बूढ़े मुंशी जी तो पहले ही से कुड़बुड़ा रहे थे कि चलते-चलते इस लड़के को समझाया था, लेकिन इसने एक न सुनी। सब मनमानी करता है। हम तो कलवार और कसाई के तगादे सहें, बुढ़ापे में

भगत बनकर बैठें और वहाँ बस वही सूखी तनख़्वाह! हमने भी तो नौकरी की है और कोई ओहदेदार नहीं थे, लेकिन काम किया, दिल खोलकर किया और आप ईमानदार बनने चले हैं। घर में चाहे अँधेरा हो, मस्जिद में अवश्य दीया जलाएँगे। खेद ऐसी समझ पर! पढ़ना-लिखना सब अकारथ गया। इसके थोड़े ही दिनों बाद, जब मुंशी वंशीधर इस दुरवस्था में घर पहुँचे और बूढ़े पिताजी ने समाचार सुना तो सिर पीट लिया। बोले, जी चाहता है कि तुम्हारा और अपना सिर फोड़ लूँ। बहुत देर तक पछता-पछताकर हाथ मलते रहे। क्रोध में कुछ कठोर बातें भी कहीं और यदि वंशीधर वहाँ से टल न जाते जो अवश्य ही यह क्रोध विकट रूप धारण करता। वृद्धा माता को भी दुःख हुआ। जगन्नाथ और रामेश्वर यात्रा की कामनाएँ मिट्टी में मिल गईं। पत्नी ने तो कई दिन तक सीधे मुँह से बात भी नहीं की।

इसी प्रकार एक सप्ताह बीत गया। संध्या का समय था। बूढ़े मुंशी जी बैठे राम-नाम की माला जप रहे थे। इसी समय उनके द्वार पर सजा हुआ रथ आकर रुका। हरे और गुलाबी परदे, पछाहियें बैलों की जोड़ी, उनकी गर्दनों में नीले धागे, सींगें पीतल से जड़ी हुईं। कई नौकर लाठियाँ कन्धों पर रखे साथ थे। मुंशी जी अगवानी को दौड़े। देखा तो पंडित अलोपीदीन हैं। झुककर दंडवत् की और लल्लो-चप्पो की बातें करने लगे, हमारा भाग्य उदय हुआ जो आपके चरण इस द्वार पर आए। आप हमारे पूज्य देवता हैं, आपको कौन-सा मुँह दिखावें, मुँह में तो कालिख लगी हुई है। किन्तु क्या करें, लड़का अभागा कपूत है, नहीं तो आपसे क्यों मुँह छिपाना पड़ता? ईश्वर निस्संतान चाहे रक्खे पर ऐसी संतान न दे।

अलोपीदीन ने कहा—नहीं भाई साहब, ऐसा न कहिए।

मुंशी जी ने चकित होकर कहा—ऐसी संतान को और क्या कहूँ।

अलोपीदीन ने वात्सल्यपूर्ण स्वर में कहा—कुलतिलक और पुरखों की कीर्ति उज्ज्वल करने वाले संसार में ऐसे कितने धर्मपरायण मनुष्य हैं जो धर्म पर अपना सब कुछ अर्पण कर सकें?

पं. अलोपीदीन ने वंशीधर से कहा—दारोग़ा जी, इसे ख़ुशामद न समझिए, ख़ुशामद करने के लिए मुझे इतना कष्ट उठाने की ज़रूरत न थी। उस रात को आपने अपने अधिकार-बल से मुझे अपनी हिरासत में

लिया था, किन्तु आज मैं स्वेच्छा से आपकी हिरासत में आया हूँ। मैंने हज़ारों रईस और अमीर देखे, हज़ारों उच्च पदाधिकारियों से काम पड़ा। किन्तु मुझे परास्त किया तो आपने। मैंने सबको अपना और अपने धन का ग़ुलाम बनाकर छोड़ दिया। मुझे आज्ञा दीजिए कि आपसे कुछ विनय करूँ।

वंशीधर ने अलोपीदीन को आते देखा तो उठकर सत्कार किया; किन्तु स्वाभिमान सहित। समझ गए कि यह महाशय मुझे लज्जित करने और जलाने आए हैं। क्षमा-प्रार्थना की चेष्टा नहीं की, वरन् उन्हें अपने पिता की यह ठकुरसुहाती की बात असह्य-सी प्रतीत हुई। पर पंडित जी की बातें सुनीं तो मन की मैल मिट गया। पंडित जी की ओर उड़ती हुई दृष्टि से देखा। सद्भाव झलक रहा था। गर्व ने लज्जा के सामने सिर झुका दिया। शर्माते हुए बोले—यह आपकी उदारता है जो ऐसा कहते हैं। मुझसे जो कुछ अविनय हुई है, उसे क्षमा कीजिए। मैं धर्म की बेड़ी में जकड़ा हुआ था, नहीं तो वैसे मैं आपका दास हूँ। जो आज्ञा होगी, वह मेरे सिर-माथे पर।

अलोपीदीन ने विनीत भाव से कहा—नहीं, तट पर आपने मेरी प्रार्थना नहीं स्वीकार की थी, किन्तु आज स्वीकार करनी पड़ेगी।

वंशीधर बोले—मैं किस योग्य हूँ, किन्तु जो कुछ सेवा मुझसे हो सकती है उसमें त्रुटि न होगी।

अलोपीदीन ने एक स्टाम्प लगा हुआ पत्र निकाला और उसे वंशीधर के सामने रखकर बोले—इस पद को स्वीकार कीजिए और अपने हस्ताक्षर कर दीजिए। मैं ब्राह्मण हूँ, जब तक यह सवाल पूरा न कीजिएगा, द्वार से न हटूँगा।

मुंशी वंशीधर ने उस काग़ज़ को पढ़ा तो कृतज्ञता से आँखों में आँसू भर आए। पंडित अलोपीदीन ने उनको अपनी सारी जायदाद का स्थायी मैनेजर नियत किया था। छह हज़ार वार्षिक वेतन के अतिरिक्त रोज़ाना ख़र्च अलग, सवारी के लिए घोड़ा, रहने को बँगला, नौकर-चाकर मुफ्त। कम्पित स्वर में बोले—पंडित जी, मुझमें इतनी सामर्थ्य नहीं है कि आपकी उदारता की प्रशंसा कर सकूँ। किन्तु ऐसे उच्च पद के योग्य नहीं हूँ।

अलोपीदीन हँसकर बोले—मुझे इस समय एक अयोग्य मनुष्य की ही ज़रूरत है।

वंशीधर ने गम्भीर भाव से कहा—यों मैं आपका दास हूँ। आप जैसे कीर्तिवान, सज्जन पुरुष की सेवा करना मेरे लिए सौभाग्य की बात है। किन्तु मुझमें न विद्या है, न बुद्धि, न वह स्वभाव जो इन त्रुटियों की पूर्ति कर देता है। ऐसे महान् कार्य के लिए एक बड़े मर्मज्ञ अनुभवी मनुष्य की ज़रूरत है।

अलोपीदीन ने क़लमदान से क़लम निकाली और उसे वंशीधर के हाथ में देकर बोले, न मुझे विद्वत्ता की चाह है, न अनुभव की, न मर्मज्ञता की, न कार्य-कुशलता की। इन गुणों के महत्त्व का परिचय ख़ूब पा चुका हूँ। अब सौभाग्य और सुअवसर ने मुझे वह मोती दे दिया है जिसके सामने योग्यता और विद्वत्ता की चमक फीकी पड़ जाती है। यह क़लम लीजिए, अधिक सोच-विचार न कीजिए, दस्तख़त कर दीजिए। परमात्मा से यही प्रार्थना है कि वह आपको सदैव वही नदी के किनारे वाला बेमुरौवत, उद्दंड, कठोर परन्तु धर्मनिष्ठ दारोग़ा बनाए रखे!

वंशीधर की आँखें डबडबा आईं। हृदय के संकुचित पात्र में इतना एहसान न समा सका। एक बार फिर पंडित जी की ओर भक्ति और श्रद्धा की दृष्टि से देखा और काँपते हुए हाथ से मैनेजरी पर हस्ताक्षर कर दिए।

अलोपीदीन ने प्रफुल्लित होकर उन्हें गले लगा लिया।

■

सवा सेर गेहूँ

किसी गाँव में शंकर नाम का एक कुरमी किसान रहता था। सीधा-सादा ग़रीब आदमी था, अपने काम-से-काम, न किसी के लेने में, न किसी के देने में। छक्का-पंजा न जानता था, छल-प्रपंच की उसे छूत भी न लगी थी, ठगे जाने की चिन्ता न थी, ठगविद्या न जानता था, भोजन मिला, खा लिया, न मिला, चबेने पर काट दी, चबैना भी न मिला, तो पानी पी लिया और राम का नाम लेकर सो रहा। किन्तु जब कोई अतिथि द्वार पर आ जाता था तो उसे इस निवृत्तिमार्ग का त्याग करना पड़ता था। विशेषकर

जब साधु-महात्मा पदार्पण करते थे, तो उसे अनिवार्यत: सांसारिकता की शरण लेनी पड़ती थी। ख़ुद भूखा सो सकता था, पर साधु को कैसे भूखा सुलाता, भगवान् के भक्त जो ठहरे!

एक दिन संध्या समय एक महात्मा ने आकर उसके द्वार पर डेरा जमाया। तेजस्वी मूर्ति थी, पीताम्बर गले में, जटा सिर पर, पीतल का कमंडल हाथ में, खड़ाऊँ पैर में, ऐनक आँखों पर, सम्पूर्ण वेष उन महात्माओं का-सा था जो रईसों के प्रासादों में तपस्या, हवागाड़ियों पर देवस्थानों की परिक्रमा और योग-सिद्धि प्राप्त करने के लिए रुचिकर भोजन करते हैं। घर में जौ का आटा था, वह उन्हें कैसे खिलाता। प्राचीनकाल में जौ का चाहे जो कुछ महत्त्व रहा हो, पर वर्तमान युग में जौ का भोजन सिद्ध पुरुषों के लिए दुष्पाच्य होता है। बड़ी चिन्ता हुई, महात्माजी को क्या खिलाऊँ। आख़िर निश्चय किया कि कहीं से गेहूँ का आटा उधार लाऊँ, पर गाँव-भर में गेहूँ का आटा न मिला। गाँव में सब मनुष्य-ही-मनुष्य थे, देवता एक भी न था, अतएव देवताओं का खाद्य पदार्थ कैसे मिलता। सौभाग्य से गाँव के विप्र महाराज के यहाँ से थोड़ा-सा मिल गया। उनसे सवा सेर गेहूँ उधार लिया और स्त्री से कहा कि पीस दे। महात्मा ने भोजन किया, लम्बी तानकर सोए। प्रात:काल आशीर्वाद देकर अपनी राह ली।

विप्र महाराज साल में दो बार खलिहानी लिया करते थे। शंकर ने दिल में कहा, सवा सेर गेहूँ इन्हें क्या लौटाऊँ, पंसेरी बदले कुछ ज़्यादा खलिहानी दे दूँगा, यह भी समझ जाएँगे, मैं भी समझ जाऊँगा। चैत में जब विप्रजी पहुँचे तो उन्हें डेढ़ पंसेरी के लगभग गेहूँ दे दिया और अपने को उऋण समझकर उसकी कोई चरचा न की। विप्रजी ने फिर कभी न माँगा। सरल शंकर को क्या मालूम था कि यह सवा सेर गेहूँ चुकाने के लिए मुझे दूसरा जन्म लेना पड़ेगा।

2

सात साल गुज़र गए। विप्रजी विप्र से महाजन हुए, शंकर किसान से मजूर हो गया। उसका छोटा भाई मंगल उससे अलग हो गया था। एक साथ

रहकर दोनों किसान थे, अलग होकर मजूर हो गए थे। शंकर ने चाहा कि द्वेष की आग भड़कने न पाए, किन्तु परिस्थिति ने उसे विवश कर दिया। जिस दिन अलग-अलग चूल्हे जले, वह फूट-फूटकर रोया। आज से भाई-भाई शत्रु हो जाएँगे, एक रोएगा, दूसरा हँसेगा, एक के घर मातम होगा तो दूसरे के घर गुलगुले पकेंगे, प्रेम का बंधन, ख़ून का बंधन, दूध का बंधन आज टूटा जाता है। उसने भगीरथ परिश्रम से कुल-मर्यादा का वृक्ष लगाया था, उसे अपने रक्त से सींचा था, उसको जड़ से उखड़ता देखकर उसके हृदय के टुकड़े हुए जाते थे। सात दिनों तक उसने दाने की सूरत तक न देखी। दिन-भर जेठ की धूप में काम करता और रात को मुँह लपेटकर सो रहता। इस भीषण वेदना और दुस्सह कष्ट ने रक्त को जला दिया, मांस और मज्जा को घुला दिया। बीमार पड़ा तो महीनों खाट से न उठा। अब गुज़र-बसर कैसे हो? पाँच बीघे के आधे रह गए, एक बैल रह गया, खेती क्या खाक होती! अन्त को यहाँ तक नौबत पहुँची कि खेती केवल मर्यादा-रक्षा का साधन-मात्र रह गई, जीविका का भार मजूरी पर आ पड़ा।

सात वर्ष बीत गए, एक दिन शंकर मजूरी करके लौटा, तो राह में विप्रजी ने टोककर कहा—शंकर, कल आकर के अपने बीज-बेंग का हिसाब कर ले। तेरे यहाँ साढ़े पाँच मन गेहूँ कबके बाक़ी पड़े हुए हैं और तू देने का नाम नहीं लेता, हजम करने का मन है क्या?

शंकर ने चकित होकर कहा—मैंने तुमसे कब गेहूँ लिए थे जो साढ़े पाँच मन हो गए? तुम भूलते हो, मेरे यहाँ किसी का छटाँक-भर न अनाज है, न एक पैसा उधार।

विप्र—इसी नीयत का तो यह फल भोग रहे हो कि खाने को नहीं जुड़ता।

यह कहकर विप्रजी ने उस सवा सेर गेहूँ का ज़िक्र किया, जो आज के सात वर्ष पहले शंकर को दिए थे। शंकर सुनकर अवाक् रह गया। ईश्वर मैंने इन्हें कितनी बार खलिहानी दी, इन्होंने मेरा कौन-सा काम किया? जब पोथी-पत्र देखने, साइत-सगुन विचारने द्वार पर आते थे, कुछ-न-कुछ 'दक्षिणा' ले ही जाते थे। इतना स्वार्थ! सवा सेर अनाज को अंडे की भाँति सेकर आज यह पिशाच खड़ा कर दिया, जो मुझे निगल जाएगा। इतने दिनों में एक बार भी कह देते तो मैं गेहूँ तौलकर दे देता, क्या इसी नीयत

से चुप साधे बैठे रहे? बोला—महाराज, नाम लेकर तो मैंने उतना अनाज नहीं दिया, पर कई बार खलिहानों में सेर-सेर, दो-दो सेर दिया है। अब आप आज साढ़े पाँच मन माँगते हैं, मैं कहाँ से दूँगा?

विप्र—लेखा जौ-जौ, बखसीस सौ-सौ, तुमने जो कुछ दिया होगा, उसका कोई हिसाब नहीं, चाहे एक की जगह चार पसेरी दे दो। तुम्हारे नाम बही में साढ़े पाँच मन लिखा हुआ है; जिससे चाहे हिसाब लगवा लो। दे दो तो तुम्हारा नाम छेक दूँ, नहीं तो और भी बढ़ता रहेगा।

शंकर—पाँडे, क्यों एक ग़रीब को सताते हो, मेरे खाने का ठिकाना नहीं, इतना गेहूँ किसके घर से लाऊँगा?

विप्र—जिसके घर से चाहे लाओ, मैं छटाँक-भर भी न छोड़ूँगा, यहाँ न दोगे, भगवान् के घर तो दोगे।

शंकर काँप उठा। हम पढ़े-लिखे आदमी होते तो कह देते, अच्छी बात है, ईश्वर के घर ही देंगे; वहाँ की तौल यहाँ से कुछ बड़ी तो न होगी। कम-से-कम इसका कोई प्रमाण हमारे पास नहीं, फिर उसकी क्या चिन्ता। किन्तु शंकर इतना तार्किक, इतना व्यवहार-चतुर न था। एक तो ऋण—वह भी ब्राह्मण का—बही में नाम रह गया तो सीधे नरक में जाऊँगा, इस ख़याल ही से उसे रोमांच हो गया। बोला—महाराज, तुम्हारा जितना होगा यहीं दूँगा, ईश्वर के यहाँ क्यों दूँ, इस जनम में तो ठोकर खा ही रहा हूँ, उस जनम के लिए क्यों काँटे बोऊँ? मगर यह कोई नियाव नहीं है। तुमने राई का पर्वत बना दिया, ब्राह्मण हो के तुम्हें ऐसा नहीं करना चाहिए था। उसी घड़ी तगादा करके ले लिया होता, तो आज मेरे सिर पर इतना बड़ा बोझ क्यों पड़ता। मैं तो दे दूँगा, लेकिन तुम्हें भगवान् के यहाँ जवाब देना पड़ेगा।

विप्र—वहाँ का डर तुम्हें होगा, मुझे क्यों होने लगा। वहाँ तो सब अपने ही भाई-बन्धु हैं। ऋषि-मुनि, सब तो ब्राह्मण ही हैं; देवता ब्राह्मण हैं, जो कुछ बने-बिगड़ेगी, सँभाल लेंगे। तो कब देते हो?

शंकर—मेरे पास रक्खा तो है नहीं, किसी से माँग-जाँचकर लाऊँगा तभी न दूँगा!

विप्र—मैं यह न मानूँगा। सात साल हो गए, अब एक दिन का भी मुलाहिजा न करूँगा। गेहूँ नहीं दे सकते, तो दस्तावेज़ लिख दो।

शंकर—मुझे तो देना है, चाहे गेहूँ लो चाहे दस्तावेज़ लिखाओ; किस हिसाब से दाम रक्खोगे?

विप्र—बाज़ार-भाव पाँच सेर का है, तुम्हें सवा पाँच सेर का काट दूँगा।

शंकर—जब दे ही रहा हूँ तो बाज़ार-भाव काटूँगा, पाव-भर छुड़ाकर क्यों दोषी बनूँ।

हिसाब लगाया तो गेहूँ के दाम 60) हुए। 60) का दस्तावेज़ लिखा गया, 3) सैकड़े सूद। साल-भर में न देने पर सूद की दर ढाई रुपए) सैकड़े। आठ आने) का स्टाम्प, चार आने) दस्तावेज़ की तहरीर शंकर को ऊपर से देनी पड़ी।

गाँव भर ने विप्रजी की निन्दा की, लेकिन मुँह पर नहीं। महाजन से सभी का काम पड़ता है, उसके मुँह कौन आए।

3

शंकर ने साल भर तक कठिन तपस्या की। मीयाद के पहले रुपए अदा करने का उसने व्रत-सा कर लिया। दोपहर को पहले भी चूल्हा न जलता था, चबैने पर बसर होती थी, अब वह भी बन्द हुआ। केवल लड़के के लिए रात को रोटियाँ रख दी जातीं! पैसे रोज़ का तंबाकू पी जाता था, यही एक व्यसन था जिसका वह कभी न त्याग कर सका था। अब वह व्यसन भी इस कठिन व्रत की भेंट हो गया। उसने चिलम पटक दी, हुक़्क़ा तोड़ दिया और तमाखू की हाँड़ी चूर-चूर कर डाली। कपड़े पहले भी त्याग की चरम सीमा तक पहुँच चुके थे, अब वह प्रकृति की न्यूनतम रेखाओं में आबद्ध हो गए। शिशिर की अस्थिबेधक शीत को उसने आग तापकर काट दिया। इस ध्रुव-संकल्प का फल आशा से बढ़कर निकला। साल के अन्त में उसके पास 60) रु. जमा हो गए। उसने समझा पंडितजी को इतने रुपए दे दूँगा और कहूँगा महाराज, बाक़ी रुपए भी जल्द ही आपके सामने हाजिर करूँगा। 15) रु. की तो और बात है, क्या पंडितजी इतना भी न मानेंगे! उसने रुपए लिए और ले जाकर पंडितजी के चरण-कमलों पर अर्पण कर दिए। पंडितजी ने विस्मित होकर पूछा—किसी से उधार लिए क्या?

शंकर—नहीं महाराज, आपके असीस से अबकी मजूरी अच्छी मिली।

विप्र—लेकिन यह तो 60) रु. ही हैं!

शंकर—हाँ महाराज, इतने अभी ले लीजिए, बाक़ी मैं दो-तीन महीने में दे दूँगा, मुझे उरिन कर दीजिए।

विप्र—उरिन तो जभी होगे जबकि मेरी कौड़ी-कौड़ी चुका दोगे। जाकर मेरे 15) रु. और लाओ।

शंकर—महाराज, इतनी दया करो; अब साँझ की रोटियों का भी ठिकाना नहीं है, गाँव में हूँ तो कभी-न-कभी दे ही दूँगा।

विप्र—मैं यह रोग नहीं पालता, न बहुत बातें करना जानता हूँ। अगर मेरे पूरे रुपए न मिलेंगे तो आज से 3) रु. सैकड़े का ब्याज लगेगा। अपने रुपए चाहे अपने घर में रक्खो, चाहे मेरे यहाँ छोड़ जाओ।

शंकर—अच्छा जितना लाया हूँ उतना रख लीजिए। मैं जाता हूँ, कहीं से 15) रु. और लाने की फ़िक्र करता हूँ।

शंकर ने सारा गाँव छान मारा, मगर किसी ने रुपए न दिए, इसलिए नहीं कि उसका विश्वास न था, या किसी के पास रुपए न थे, बल्कि इसलिए कि पंडितजी के शिकार को छेड़ने की किसी की हिम्मत न थी।

4

क्रिया के पश्चात् प्रतिक्रिया नैसर्गिक नियम है। शंकर साल-भर तक तपस्या करने पर भी जब ऋण से मुक्त होने में सफल न हो सका तो उसका संयम निराशा के रूप में परिणत हो गया। उसने समझ लिया कि जब इतना कष्ट सहने पर भी साल-भर में 60) रु. से अधिक न जमा कर सका, तो अब और कौन सा उपाय है जिसके द्वारा इसके दूने रुपए जमा हों। जब सिर पर ऋण का बोझ ही लादना है तो क्या मन-भर का और क्या सवा मन का। उसका उत्साह क्षीण हो गया, मिहनत से घृणा हो गई। आशा उत्साह की जननी है, आशा में तेज़ है, बल है, जीवन है। आशा ही संसार की संचालक शक्ति है। शंकर आशाहीन होकर उदासीन

हो गया। वह ज़रूरतें जिनको उसने साल-भर तक टाल रखा था, अब द्वार पर खड़ी होनेवाली भिखारिणी न थीं, बल्कि छाती पर सवार होनेवाली पिशाचनियाँ थीं, जो अपनी भेंट लिए बिना जान नहीं छोड़तीं। कपड़ों में चकत्तियों के लगने की भी एक सीमा होती है। अब शंकर को चिट्ठा मिलता तो वह रुपए जमा न करता, कभी कपड़े लाता, कभी खाने की कोई वस्तु। जहाँ पहले तमाखू ही पिया करता था, वहाँ अब गाँजे और चरस का चस्का भी लगा। उसे अब रुपए अदा करने की कोई चिन्ता न थी मानो उसके ऊपर किसी का एक पैसा भी नहीं आता। पहले जूड़ी चढ़ी होती थी, पर वह काम करने अवश्य जाता था, अब काम पर न जाने के लिए बहाना खोजा करता।

इस भाँति तीन वर्ष निकल गए। विप्रजी महाराज ने एक बार भी तकाजा न किया। वह चतुर शिकारी की भाँति अचूक निशाना लगाना चाहते थे। पहले से शिकार को चौंकाना उनकी नीति के विरुद्ध था।

एक दिन पंडितजी ने शंकर को बुलाकर हिसाब दिखाया। 60) रु. जो जमा थे वह मिनहा करने पर अब भी शंकर के जिम्मे 120) रु. निकले।

शंकर—इतने रुपए तो उसी जन्म में दूँगा, इस जन्म में नहीं हो सकते।

विप्र—मैं इसी जन्म में लूँगा। मूल न सही, सूद तो देना ही पड़ेगा।

शंकर—एक बैल है, वह ले लीजिए और मेरे पास रक्खा क्या है।

विप्र—मुझे बैल-बधिया लेकर क्या करना है। मुझे देने को तुम्हारे पास बहुत कुछ है।

शंकर—और क्या है महाराज?

विप्र—कुछ है, तुम तो हो। आख़िर तुम भी कहीं मजूरी करने जाते ही हो, मुझे भी खेती के लिए मजूर रखना ही पड़ता है। सूद में तुम हमारे यहाँ काम किया करो, जब सुभीता हो मूल को दे देना। सच तो यों है कि अब तुम किसी दूसरी जगह काम करने नहीं जा सकते जब तक मेरे रुपए नहीं चुका दो। तुम्हारे पास कोई जायदाद नहीं है, इतनी बड़ी गठरी मैं किस एतबार पर छोड़ दूँ। कौन इसका ज़िम्मा लेगा कि तुम मुझे महीने-महीने सूद देते जाओगे। और कहीं कमाकर जब तुम मुझे सूद भी नहीं दे सकते, तो मूल की कौन कहे?

शंकर—महाराज, सूद में तो काम करूँगा और खाऊँगा क्या?

विप्र—तुम्हारी घरवाली है, लड़के हैं, क्या वे हाथ-पाँव कटाके बैठेंगे। रहा मैं, तुम्हें आध सेर जौ रोज़ कलेवा के लिए दे दिया करूँगा। ओढ़ने को साल में एक कम्बल पा जाओगे, एक मिरजई भी बनवा दिया करूँगा, और क्या चाहिए। यह सच है कि और लोग तुम्हें छह आने देते हैं लेकिन मुझे ऐसी ग़रज़ नहीं है, मैं तो तुम्हें रुपए भरने के लिए रखता हूँ।

शंकर ने कुछ देर तक गहरी चिन्ता में पड़े रहने के बाद कहा—महाराज यह तो जन्म-भर की ग़ुलामी हुई।

विप्र—ग़ुलामी समझो, चाहे मजूरी समझो। मैं अपने रुपए भराए बिना तुमको कभी न छोड़ूँगा। तुम भागोगे तो तुम्हारा लड़का भरेगा। हाँ, जब कोई न रहेगा तब की बात दूसरी है।

इस निर्णय की कहीं अपील न थी। मजूर की ज़मानत कौन करता, कहीं शरण न थी, भागकर कहाँ जाता, दूसरे दिन से उसने विप्रजी के यहाँ काम करना शुरू कर दिया। सवा सेर गेहूँ की बदौलत उम्र-भर के लिए ग़ुलामी की बेड़ी पैरों में डालनी पड़ी। उस अभागे को अब अगर किसी विचार से सन्तोष होता था तो यह था कि वह मेरे पूर्व-जन्म का संस्कार है। स्त्री को वे काम करने पड़ते थे, जो उसने कभी न किए थे, बच्चे दानों को तरसते थे, लेकिन शंकर चुपचाप देखने के सिवा और कुछ न कर सकता था। वह गेहूँ के दाने किसी देवता के शाप की भाँति यावज्जीवन उसके सिर से न उतरे।

5

शंकर ने विप्रजी के यहाँ 20 वर्ष तक ग़ुलामी करने के बाद इस दुस्सार संसार से प्रस्थान किया। 120) अभी तक उसके सिर पर सवार थे। पंडितजी ने उस ग़रीब को ईश्वर के दरबार में कष्ट देना उचित न समझा, इतने अन्यायी, इतने निर्दयी न थे। उसके जवान बेटे की गरदन पकड़ी। आज तक वह विप्रजी के यहाँ काम करता है। उसका उद्धार कब होगा; होगा भी या नहीं, ईश्वर ही जाने।

पाठक! इस वृत्तांत को कपोल-कल्पित न समझिए। यह सत्य घटना है। ऐसे शंकरों और ऐसे विप्रों से दुनिया ख़ाली नहीं है।

■

बड़े घर की बेटी

बेनीमाधव सिंह गौरीपुर गाँव के ज़मींदार और नम्बरदार थे। उनके पितामह किसी समय बड़े धन-धान्य संपन्न थे। गाँव का पक्का तालाब और मन्दिर जिनकी अब मरम्मत भी मुश्किल थी, उन्हीं की कीर्ति-स्तंभ थे। कहते हैं, इस दरवाज़े पर हाथी झूमता था, अब उसकी जगह एक बूढ़ी भैंस थी, जिसके शरीर में अस्थि-पंजर के सिवा और कुछ शेष न रहा था; पर दूध शायद बहुत देती थी; क्योंकि एक न एक आदमी हाँड़ी लिए उसके सिर पर सवार ही रहता था। बेनीमाधव सिंह अपनी आधी से अधिक संपत्ति वकीलों को भेंट कर चुके थे। उनकी वर्तमान आय एक हज़ार रुपए वार्षिक से अधिक न थी। ठाकुर साहब के दो बेटे थे। बड़े का नाम श्रीकंठ सिंह था। उसने बहुत दिनों के परिश्रम और उद्योग के बाद बी. ए. की डिग्री प्राप्त की थी। अब एक दफ़्तर में नौकर था। छोटा लड़का लालबिहारी सिंह दोहरे बदन का, सजीला जवान था। भरा हुआ मुखड़ा, चौड़ी छाती। भैंस का दो सेर ताज़ा दूध वह उठकर सबेरे पी जाता था। श्रीकंठ सिंह की दशा बिलकुल विपरीत थी। इन नेत्रप्रिय गुणों को उन्होंने बी. ए.—इन्हीं दो अक्षरों पर न्योछावर कर दिया था। इन दो अक्षरों ने उनके शरीर को निर्बल और चेहरे को कांतिहीन बना दिया था। इसी से वैद्यक ग्रंथों पर उनका विशेष प्रेम था। आयुर्वेदिक औषधियों पर उनका अधिक विश्वास था। शाम-सबेरे से उनके कमरे से प्राय: खरल की सुरीली कर्णमधुर ध्वनि सुनाई दिया करती थी। लाहौर और कलकत्ते के वैद्यों से बड़ी लिखा-पढ़ी रहती थी।

श्रीकंठ इस अँगरेज़ी डिग्री के अधिपति होने पर भी अँगरेज़ी सामाजिक प्रथाओं के विशेष प्रेमी न थे। बल्कि वह बहुधा बड़े ज़ोर

से उसकी निन्दा और तिरस्कार किया करते थे। इसी से गाँव में उनका बड़ा सम्मान था। दशहरे के दिनों में वह बड़े उत्साह से रामलीला में सम्मिलित होते और स्वयं किसी न किसी पात्र का पार्ट लेते थे। गौरीपुर में रामलीला के वही जन्मदाता थे। प्राचीन हिन्दू सभ्यता का गुणगान उनकी धार्मिकता का प्रधान अंग था। सम्मिलित कुटुम्ब के तो वह एकमात्र उपासक थे। आजकल स्त्रियों को कुटुम्ब में मिल-जुल कर रहने की जो अरुचि होती है, उसे वह जाति और देश दोनों के लिए हानिकारक समझते थे। यही कारण था कि गाँव की ललनाएँ उनकी निंदक थीं। कोई-कोई तो उन्हें अपना शत्रु समझने में भी संकोच न करती थीं। स्वयं उनकी पत्नी को ही इस विषय में उनसे विरोध था। यह इसलिए नहीं कि उसे अपने सास-ससुर, देवर या जेठ आदि से घृणा थी, बल्कि उसका विचार था कि यदि बहुत कुछ सहने और तरह देने पर भी परिवार के साथ निर्वाह न हो सके, तो आए-दिन की कलह से जीवन को नष्ट करने की अपेक्षा यही उत्तम है कि अपनी खिचड़ी अलग पकाई जाए।

आनन्दी एक बड़े उच्च कुल की लड़की थी। उसके बाप एक छोटी-सी रियासत के ताल्लुकेदार थे। विशाल भवन, एक हाथी, तीन कुत्ते, बाज, बहरी-शिकरे, झाड़-फानूस, आनरेरी मजिस्ट्रेटी, और ऋण, जो एक प्रतिष्ठित ताल्लुकेदार के भोग्य पदार्थ हैं, सभी यहाँ विद्यमान थे। नाम था भूपसिंह। बड़े उदार-चित्त और प्रतिभाशाली पुरुष थे, पर दुर्भाग्य से लड़का एक भी न था। सात लड़कियाँ हुईं और दैवयोग से सब-की-सब जीवित रहीं। पहली उमंग में तो उन्होंने तीन ब्याह दिल खोलकर किए; पर पन्द्रह-बीस हज़ार रुपयों का क़र्ज़ सिर पर हो गया, तो आँखें खुलीं, हाथ समेट लिया। आनन्दी चौथी लड़की थी। वह अपनी सब बहनों से अधिक रूपवती और गुणवती थी। इससे ठाकुर भूपसिंह उसे बहुत प्यार करते थे। सुन्दर संतान को कदाचित् उसके माता-पिता भी अधिक चाहते हैं। ठाकुर साहब बड़े धर्म-संकट में थे कि इसका विवाह कहाँ करें? न तो यही चाहते थे कि ऋण का बोझ बढ़े और न यही स्वीकार था कि उसे अपने को भाग्यहीन समझना पड़े। एक दिन श्रीकंठ उनके पास किसी

चन्दे का रुपया माँगने आया। शायद नागरी-प्रचार का चन्दा था। भूपसिंह उनके स्वभाव पर रीझ गए और धूमधाम से श्रीकंठ सिंह का आनन्दी के साथ ब्याह हो गया।

आनन्दी अपने नए घर में आई, तो यहाँ का रंग-ढंग कुछ और ही देखा। जिस टीम-टाम की उसे बचपन से ही आदत पड़ी हुई थी, वह यहाँ नाममात्र को भी न थी। हाथी-घोड़ों का तो कहना ही क्या, कोई सजी हुई सुन्दर बहली तक न थी। रेशमी स्लीपर साथ लाई थी, पर यहाँ बाग़ कहाँ। मकान में खिड़कियाँ तक न थीं। न ज़मीन पर फ़र्श, न दीवार पर तस्वीरें। यह एक सीधा-सादा देहाती गृहस्थ का मकान था, किन्तु आनन्दी ने थोड़े ही दिनों में अपने को इस नई अवस्था के ऐसा अनुकूल बना लिया, मानो उसने विलास के सामान कभी देखे ही न थे।

2

एक दिन दोपहर के समय लालबिहारी सिंह दो चिड़िया लिये हुए आया और भावज से बोला—जल्दी से पका दो, मुझे भूख लगी है। आनन्दी भोजन बनाकर उसकी राह देख रही थी। अब वह नया व्यंजन बनाने बैठी। हाँड़ी में देखा, तो घी पाव-भर से अधिक न था। बड़े घर की बेटी, क़िफायत क्या जाने। उसने सब घी मांस में डाल दिया। लालबिहारी खाने बैठा, तो दाल में घी न था, बोला—दाल में घी क्यों नहीं छोड़ा?

आनन्दी ने कहा—घी सब मांस में पड़ गया। लालबिहारी ज़ोर से बोला—अभी परसों घी आया है। इतना जल्द उठ गया?

आनन्दी ने उत्तर दिया—आज तो कुल पाव-भर रहा होगा। वह सब मैंने मांस में डाल दिया।

जिस तरह सूखी लकड़ी जल्दी से जल उठती है—उसी तरह क्षुधा से बावला मनुष्य ज़रा-ज़रा सी बात पर तिनक जाता है। लालबिहारी को भावज की यह ढिठाई बहुत बुरी मालूम हुई, तिनक कर बोला—मैके में तो चाहे घी की नदी बहती हो!

स्त्री गालियाँ सह लेती है, मार भी सह लेती है; पर मैके की निन्दा

उससे नहीं सही जाती। आनन्दी मुँह फेरकर बोली—हाथी मरा भी, तो नौ लाख का। वहाँ इतना घी नित्य नाई-कहार खा जाते हैं।

लालबिहारी जल गया, थाली उठाकर पलट दी, और बोला—जी चाहता है, जीभ पकड़कर खींच लूँ।

आनन्दी को भी क्रोध आ गया। मुँह लाल हो गया, बोली—वह होते तो आज इसका मजा चखाते।

अब अपढ़, उजड्ड ठाकुर से न रहा गया। उसकी स्त्री एक साधारण ज़मींदार की बेटी थी। जब जी चाहता, उस पर हाथ साफ़ कर लिया करता था। खड़ाऊँ उठाकर आनन्दी की ओर ज़ोर से फेंकी, और बोला—जिसके गुमान पर भूली हुई हो, उसे भी देखूँगा और तुम्हें भी।

आनन्दी ने हाथ से खड़ाऊँ रोकी, सिर बच गया। पर उँगली में बड़ी चोट आई। क्रोध के मारे हवा से हिलते पत्ते की भाँति काँपती हुई अपने कमरे में आकर खड़ी हो गई। स्त्री का बल और साहस, मान और मर्यादा पति तक है। उसे अपने पति के ही बल और पुरुषत्व का घमंड होता है। आनन्दी ख़ून का घूँट पी कर रह गई।

3

श्रीकंठ सिंह शनिवार को घर आया करते थे। बृहस्पति को यह घटना हुई थी। दो दिन तक आनन्दी कोप-भवन में रही। न कुछ खाया न पिया, उनकी बाट देखती रही। अन्त में शनिवार को वह नियमानुकूल संध्या समय घर आए और बाहर बैठकर कुछ इधर-उधर की बातें, कुछ देश-काल सम्बन्धी समाचार तथा कुछ नए मुक़दमों आदि की चर्चा करने लगे। यह वार्तालाप दस बजे रात तक होता रहा। गाँव के भद्र पुरुषों को इन बातों में ऐसा आनन्द मिलता था कि खाने-पीने की भी सुधि न रहती थी। श्रीकंठ को पिंड छुड़ाना मुश्किल हो जाता था। ये दो-तीन घंटे आनन्दी ने बड़े कष्ट से काटे! किसी तरह भोजन का समय आया। पंचायत उठी। एकान्त हुआ, तो लालबिहारी ने कहा—भैया, आप ज़रा भाभी को समझा दीजिएगा कि मुँह सँभाल कर बातचीत किया करें, नहीं तो एक दिन अनर्थ हो जाएगा।

बेनीमाधव सिंह ने बेटे की ओर से साक्षी दी—हाँ, बहू-बेटियों का यह स्वभाव अच्छा नहीं कि मर्दों के मुँह लगें।

लालबिहारी—वह बड़े घर की बेटी हैं, तो हम भी कोई कुर्मी-कहार नहीं हैं। श्रीकंठ ने चिन्तित स्वर से पूछा—आख़िर बात क्या हुई?

लालबिहारी ने कहा—कुछ भी नहीं; यों ही आप ही आप उलझ पड़ीं। मैके के सामने हम लोगों को कुछ समझतीं ही नहीं।

श्रीकंठ खा-पीकर आनन्दी के पास गए। वह भरी बैठी थी। यह हजरत भी कुछ तीखे थे। आनन्दी ने पूछा—चित्त तो प्रसन्न है।

श्रीकंठ बोले—बहुत प्रसन्न है; पर तुमने आजकल घर में यह क्या उपद्रव मचा रखा है?

आनन्दी की त्योरियों पर बल पड़ गए, झुँझलाहट के मारे बदन में ज्वाला-सी दहक उठी। बोली—जिसने तुमसे यह आग लगाई है, उसे पाऊँ, तो मुँह झुलस दूँ।

श्रीकंठ—इतनी गरम क्यों होती हो, बात तो कहो।

आनन्दी—क्या कहूँ, यह मेरे भाग्य का फेर है! नहीं तो गँवार छोकरा, जिसको चपरासगिरी करने का भी शऊर नहीं, मुझे खड़ाऊँ से मारकर यों न अकड़ता।

श्रीकंठ—सब हाल साफ़-साफ़ कहो, तो मालूम हो। मुझे तो कुछ पता नहीं।

आनन्दी—परसों तुम्हारे लाड़ले भाई ने मुझसे मांस पकाने को कहा। घी हाँड़ी में पाव-भर से अधिक न था। वह सब मैंने मांस में डाल दिया। जब खाने बैठा तो कहने लगा—दाल में घी क्यों नहीं है। बस, इसी पर मेरे मैके को बुरा-भला कहने लगा—मुझसे न रहा गया। मैंने कहा कि वहाँ इतना घी तो नाई-कहार खा जाते हैं, और किसी को जान भी नहीं पड़ता। बस इतनी सी बात पर इस अन्यायी ने मुझ पर खड़ाऊँ फेंक मारी। यदि हाथ से न रोक लूँ, तो सिर फट जाए। उसी से पूछो, मैंने जो कुछ कहा है, वह सच है या झूठ।

श्रीकंठ की आँखें लाल हो गईं। बोले—यहाँ तक हो गया, इस छोकरे का यह साहस!

आनन्दी स्त्रियों के स्वभावानुसार रोने लगी क्योंकि आँसू उनकी पलकों पर रहते हैं। श्रीकंठ बड़े धैर्यवान और शान्त पुरुष थे। उन्हें कदाचित् ही कभी क्रोध आता था; स्त्रियों के आँसू पुरुषों की क्रोधाग्नि भड़काने में तेल का काम देते हैं। रात भर करवटें बदलते रहे। उद्विग्नता के कारण पलक तक नहीं झपकी। प्रात:काल अपने बाप के पास जाकर बोले—दादा, अब इस घर में मेरा निबाह न होगा।

इस तरह की विद्रोहपूर्ण बातें कहने पर श्रीकंठ ने कितनी ही बार अपने कई मित्रों को आड़े हाथों लिया था; परन्तु दुर्भाग्य, आज उन्हें स्वयं वे ही बातें अपने मुँह से कहनी पड़ीं; दूसरों को उपदेश देना भी कितना सहज है।

बेनीमाधव सिंह घबरा उठे और बोले—क्यों?

श्रीकंठ—इसलिए कि मुझे भी अपनी मान-प्रतिष्ठा का कुछ विचार है। आपके घर में अब अन्याय और हठ का प्रकोप हो रहा है। जिनको बड़ों का आदर-सम्मान करना चाहिए, वे उनके सिर चढ़ते हैं। मैं दूसरे का नौकर ठहरा, घर पर रहता नहीं। यहाँ मेरे पीछे स्त्रियों पर खड़ाऊँ और जूतों की बौछारें होती हैं। कड़ी बात तक चिन्ता नहीं। कोई एक की दो कह ले, वहाँ तक मैं सह सकता हूँ किन्तु यह कदापि नहीं हो सकता कि मेरे ऊपर लात-घूँसे पड़ें और मैं दम न मारूँ।

बेनीमाधव सिंह कुछ जवाब न दे सके। श्रीकंठ सदैव उनका आदर करते थे। उनके ऐसे तेवर देखकर बूढ़ा ठाकुर अवाक् रह गया। केवल इतना ही बोला—बेटा, तुम बुद्धिमान होकर ऐसी बातें करते हो? स्त्रियाँ इस तरह घर का नाश कर देती हैं। उनको बहुत सिर चढ़ाना अच्छा नहीं।

श्रीकंठ—इतना मैं जानता हूँ, आपके आशीर्वाद से ऐसा मूर्ख नहीं हूँ। आप स्वयं जानते हैं कि मेरे ही समझाने-बुझाने से, इसी गाँव में कई घर सँभल गए, पर जिस स्त्री की मान-प्रतिष्ठा का ईश्वर के दरबार में उत्तरदाता हूँ, उसके प्रति ऐसा घोर अन्याय और पशुवत् व्यवहार मुझे असह्य है। आप सच मानिए, मेरे लिए यही कुछ कम नहीं है कि लालबिहारी को कुछ दंड नहीं देता।

अब बेनीमाधव सिंह भी गरमाए। ऐसी बातें और न सुन सके। बोले—लालबिहारी तुम्हारा भाई है। उससे जब कभी भूल-चूक हो, उसके कान पकड़ो लेकिन...

श्रीकंठ—लालबिहारी को मैं अब अपना भाई नहीं समझता।

बेनीमाधव सिंह—स्त्री के पीछे?

श्रीकंठ—जी नहीं, उसकी क्रूरता और अविवेक के कारण।

दोनों कुछ देर चुप रहे। ठाकुर साहब लड़के का क्रोध शान्त करना चाहते थे। लेकिन यह नहीं स्वीकार करना चाहते थे कि लालबिहारी ने कोई अनुचित काम किया है। इसी बीच में गाँव के और कई सज्जन हुक़्क़े-चिलम के बहाने वहाँ आ बैठे। कई स्त्रियों ने जब यह सुना कि श्रीकंठ पत्नी के पीछे पिता से लड़ने को तैयार है, तो उन्हें बड़ा हर्ष हुआ। दोनों पक्षों की मधुर वाणियाँ सुनने के लिए उनकी आत्माएँ तिलमिलाने लगीं। गाँव में कुछ ऐसे कुटिल मनुष्य भी थे, जो इस कुल की नीतिपूर्ण गति पर मन ही मन जलते थे। वे कहा करते थे—श्रीकंठ अपने बाप से दबता है, इसीलिए वह दब्बू है। उसने विद्या पढ़ी, इसलिए वह किताबों का कीड़ा है। बेनीमाधव सिंह उसकी सलाह के बिना कोई काम नहीं करते, यह उनकी मूर्खता है। इन महानुभावों की शुभकामनाएँ आज पूरी होती दिखाई दीं। कोई हुक़्क़ा पीने के बहाने और कोई लगान की रसीद दिखाने आकर बैठ गया। बेनीमाधव सिंह पुराने आदमी थे। इन भावों को ताड़ गए। उन्होंने निश्चय किया चाहे कुछ ही क्यों न हो, इन द्रोहियों को ताली बजाने का अवसर न दूँगा। तुरन्त कोमल शब्दों में बोले—बेटा, मैं तुमसे बाहर नहीं हूँ। तुम्हारा जो जी चाहे करो, अब तो लड़के से अपराध हो गया।

इलाहाबाद का अनुभव-रहित झल्लाया हुआ ग्रेजुएट इस बात को न समझ सका। उसे डिबेटिंग-क्लब में अपनी बात पर अड़ने की आदत थी, इन हथकंडों की उसे क्या ख़बर? बाप ने जिस मतलब से बात पलटी थी, वह उसकी समझ में न आई। बोला—लालबिहारी के साथ अब इस घर में नहीं रह सकता।

बेनीमाधव—बेटा, बुद्धिमान लोग मूर्खों की बात पर ध्यान नहीं देते। वह बेसमझ लड़का है। उससे जो कुछ भूल हुई, उसे तुम बड़े होकर क्षमा करो।

श्रीकंठ—उसकी इस दुष्टता को मैं कदापि नहीं सह सकता। या तो वही घर में रहेगा, या मैं ही। आपको यदि वह अधिक प्यारा है, तो मुझे

विदा कीजिए, मैं अपना भार आप सँभाल लूँगा। यदि मुझे रखना चाहते हैं तो उससे कहिए, जहाँ चाहे चला जाए। बस यह मेरा अन्तिम निश्चय है।

लालबिहारी सिंह दरवाज़े की चौखट पर चुपचाप खड़ा बड़े भाई की बातें सुन रहा था। वह उनका बहुत आदर करता था। उसे कभी इतना साहस न हुआ था कि श्रीकंठ के सामने चारपाई पर बैठ जाए, हुक़्क़ा पी ले या पान खा ले। बाप का भी वह इतना मान न करता था। श्रीकंठ का भी उस पर हार्दिक स्नेह था। अपने होश में उन्होंने कभी उसे घुड़का तक न था। जब वह इलाहाबाद से आते, तो उसके लिए कोई न कोई वस्तु अवश्य लाते। मुगदर की जोड़ी उन्होंने ही बनवा दी थी। पिछले साल जब उसने अपने से ड्योढ़े जवान को नागपंचमी के दिन दंगल में पछाड़ दिया, तो उन्होंने पुलकित होकर अखाड़े में ही जाकर उसे गले से लगा लिया था, पाँच रुपए के पैसे लुटाए थे। ऐसे भाई के मुँह से आज ऐसी हृदय-विदारक बात सुनकर लालबिहारी को बड़ी ग्लानि हुई। वह फूट-फूटकर रोने लगा। इसमें सन्देह नहीं कि अपने किए पर पछता रहा था। भाई के आने से एक दिन पहले से उसकी छाती धड़कती थी कि देखूँ भैया क्या कहते हैं। मैं उनके सम्मुख कैसे जाऊँगा, उनसे कैसे बोलूँगा, मेरी आँखें उनके सामने कैसे उठेंगी। उसने समझा था कि भैया मुझे बुलाकर समझा देंगे। इस आशा के विपरीत आज उसने उन्हें निर्दयता की मूर्ति बने हुए पाया। वह मूर्ख था। परन्तु उसका मन कहता था कि भैया मेरे साथ अन्याय कर रहे हैं। यदि श्रीकंठ उसे अकेले में बुलाकर दो-चार बातें कह देते; इतना ही नहीं दो-चार तमाचे भी लगा देते तो कदाचित् उसे इतना दुःख न होता; पर भाई का यह कहना कि अब मैं इसकी सूरत नहीं देखना चाहता, लालबिहारी से सहा न गया। वह रोता हुआ घर आया। कोठरी में जाकर कपड़े पहने, आँखें पोंछीं, जिससे कोई यह न समझे कि रोता था। तब आनन्दी के द्वार पर आकर बोला—भाभी, भैया ने निश्चय किया है कि वह मेरे साथ इस घर में न रहेंगे। अब वह मेरा मुँह नहीं देखना चाहते, इसलिए अब मैं जाता हूँ। उन्हें फिर मुँह न दिखाऊँगा। मुझसे जो कुछ अपराध हुआ, उसे क्षमा करना।

यह कहते-कहते लालबिहारी का गला भर आया।

4

जिस समय लालबिहारी सिंह सिर झुकाए आनन्दी के द्वार पर खड़ा था, उसी समय श्रीकंठ सिंह भी आँखें लाल किए बाहर से आए। भाई को खड़ा देखा, तो घृणा से आँखें फेर लीं, और कतरा कर निकल गए। मानो उसकी परछाईं से दूर भागते हों।

आनन्दी ने लालबिहारी की शिकायत तो की थी, लेकिन अब मन में पछता रही थी। वह स्वभाव से ही दयावती थी। उसे इसका तनिक भी ध्यान न था कि बात इतनी बढ़ जाएगी। वह मन में अपने पति पर झुँझला रही थी कि यह इतने गरम क्यों होते हैं। उस पर यह भय भी लगा हुआ था कि कहीं मुझसे इलाहाबाद चलने को कहें, तो कैसे क्या करूँगी। इस बीच में जब उसने लालबिहारी को दरवाज़े पर खड़े यह कहते सुना कि अब मैं जाता हूँ, मुझसे जो कुछ अपराध हुआ, क्षमा करना, तो उसका रहा-सहा क्रोध भी पानी हो गया। वह रोने लगी। मन का मैल धोने के लिए नयन-जल से उपयुक्त और कोई वस्तु नहीं है।

श्रीकंठ को देखकर आनन्दी ने कहा—लाला बाहर खड़े बहुत रो रहे हैं।

श्रीकंठ—तो मैं क्या करूँ?

आनन्दी—भीतर बुला लो। मेरी जीभ में आग लगे। मैंने कहाँ से यह झगड़ा उठाया।

श्रीकंठ—मैं न बुलाऊँगा।

आनन्दी—पछताओगे। उन्हें बहुत ग्लानि हो गई हैं, ऐसा न हो, कहीं चल दें।

श्रीकंठ न उठे। इतने में लालबिहारी ने फिर कहा—भाभी, भैया से मेरा प्रणाम कह दो। वह मेरा मुँह नहीं देखना चाहते। इसलिए मैं भी अपना मुँह उन्हें न दिखाऊँगा।

लालबिहारी इतना कहकर लौट पड़ा। और शीघ्रता से दरवाज़े की ओर बढ़ा। अन्त में आनन्दी कमरे से निकली और उसका हाथ पकड़ लिया। लालबिहारी ने पीछे फिर कर देखा और आँखों में आँसू भरे बोला—मुझे जाने दो।

आनन्दी—कहाँ जाते हो?

लालबिहारी—जहाँ कोई मेरा मुँह न देखे।

आनन्दी—मैं न जाने दूँगी?

लालबिहारी—मैं तुम लोगों के साथ रहने योग्य नहीं हूँ।

आनन्दी—तुम्हें मेरी सौगंध, अब एक पग भी आगे न बढ़ाना।

लालबिहारी—जब तक मुझे यह न मालूम हो जाए कि भैया का मन मेरी तरफ़ से साफ़ हो गया, तब तक मैं इस घर में कदापि न रहूँगा।

आनन्दी—मैं ईश्वर को साक्षी देकर कहती हूँ कि तुम्हारी ओर से मेरे मन में तनिक भी मैल नहीं है।

अब श्रीकंठ का हृदय भी पिघला। उन्होंने बाहर आकर लालबिहारी को गले लगा लिया। दोनों भाई ख़ूब फूट-फूटकर रोए। लालबिहारी ने सिसकते हुए कहा—भैया, अब कभी मत कहना कि तुम्हारा मुँह न देखूँगा। इसके सिवा आप जो दंड देंगे, मैं सहर्ष स्वीकार करूँगा।

श्रीकंठ ने काँपते हुए स्वर से कहा—लल्लू! इन बातों को बिलकुल भूल जाओ। ईश्वर चाहेगा, तो फिर ऐसा अवसर न आवेगा।

बेनीमाधव सिंह बाहर से आ रहे थे। दोनों भाइयों को गले मिलते देखकर आनन्द से पुलकित हो गए। बोल उठे—बड़े घर की बेटियाँ ऐसी ही होती हैं। बिगड़ता हुआ काम बना लेती हैं।

गाँव में जिसने यह वृत्तांत सुना, उसी ने इन शब्दों में आनन्दी की उदारता को सराहा—'बड़े घर की बेटियाँ ऐसी ही होती हैं।'

■

शतरंज के खिलाड़ी

वाजिदअली शाह का समय था। लखनऊ विलासिता के रंग में डूबा हुआ था। छोटे-बड़े, ग़रीब-अमीर सभी विलासिता में डूबे हुए थे। कोई नृत्य और गान की मजलिस सजाता था, तो कोई अफ़ीम की पीनक ही में मज़े

लेता था। जीवन के प्रत्येक विभाग में आमोद-प्रमोद का प्राधान्य था। शासन-विभाग में, साहित्य-क्षेत्र में, सामाजिक अवस्था में, कला-कौशल में, उद्योग-धंधों में, आहार-व्यवहार में सर्वत्र विलासिता व्याप्त हो रही थी। राजकर्मचारी विषय-वासना में, कविगण प्रेम और विरह के वर्णन में, कारीगर कलाबत्तू और चिकन बनाने में, व्यवसायी सुरमे, इत्र, मिस्सी और उबटन का रोजगार करने में लिप्त थे। सभी की आँखों में विलासिता का मद छाया हुआ था। संसार में क्या हो रहा है, इसकी किसी को ख़बर न थी। बटेर लड़ रहे हैं। तीतरों की लड़ाई के लिए पाली बदी जा रही है। कहीं चौसर बिछी हुई है; पौ-बारह का शोर मचा हुआ है। कही शतरंज का घोर संग्राम छिड़ा हुआ है। राजा से लेकर रंक तक इसी धुन में मस्त थे। यहाँ तक कि फ़क़ीरों को पैसे मिलते तो वे रोटियाँ न लेकर अफ़ीम खाते या मदक पीते। शतरंज, ताश, गंजीफ़ा खेलने से बुद्धि तीव्र होती है, विचार-शक्ति का विकास होता है, पेंचीदा मसलों को सुलझाने की आदत पड़ती है। ये दलीलें ज़ोरों के साथ पेश की जाती थीं (इस सम्प्रदाय के लोगों से दुनिया अब भी ख़ाली नहीं है)। इसलिए अगर मिरज़ा सज्जादअली और मीर रौशनअली अपना अधिकांश समय बुद्धि तीव्र करने में व्यतीत करते थे, तो किसी विचारशील पुरुष को क्या आपत्ति हो सकती थी? दोनों के पास मौरूसी जागीरें थीं; जीविका की कोई चिन्ता न थी; कि घर में बैठे चखौतियाँ करते थे। आख़िर और करते ही क्या? प्रातःकाल दोनों मित्र नाश्ता करके बिसात बिछा कर बैठ जाते, मुहरे सज जाते, और लड़ाई के दाव-पेंच होने लगते। फिर ख़बर न होती थी कि कब दोपहर हुई, कब तीसरा पहर, कब शाम! घर के भीतर से बार-बार बुलावा आता कि खाना तैयार है। यहाँ से जवाब मिलता—चलो, आते हैं, दस्तरख्वान बिछाओ। यहाँ तक कि बावरची विवश हो कि कमरे ही में खाना रख जाता था, और दोनों मित्र दोनों काम साथ-साथ करते थे। मिरज़ा सज्जाद अली के घर में कोई बड़ा-बूढ़ा न था, इसलिए उन्हीं के दीवानख़ाने में बाज़ियाँ होती थीं। मगर यह बात न थी मिरज़ा के घर के और लोग उनसे इस व्यवहार से ख़ुश हों। घरवालों का तो कहना ही क्या, मुहल्लेवाले, घर के नौकर-चाकर तक नित्य द्वेषपूर्ण टिप्पणियाँ किया करते थे—बड़ा मनहूस खेल है। घर

को तबाह कर देता है। ख़ुदा न करे, किसी को इसकी चाट पड़े, आदमी दीन-दुनिया किसी के काम का नहीं रहता, न घर का, न घाट का। बुरा रोग है। यहाँ तक कि मिरज़ा की बेगम साहबा को इससे इतना द्वेष था कि अवसर खोज-खोजकर पति को लताड़ती थीं। पर उन्हें इसका अवसर मुश्किल से मिलता था। वह सोती रहती थीं, तब तक बाज़र बिछ जाती थी। और रात को जब सो जाती थीं, तब कही मिरज़ाजी घर में आते थे। हाँ, नौकरों पर वह अपना ग़ुस्सा उतारती रहती थीं—क्या पान माँगे हैं? कह दो, आकर ले जाएँ। खाने की फुरसत नहीं है? ले जाकर खाना सिर पर पटक दो, खाएँ चाहे कुत्ते को खिलाएँ। पर रूबरू वह भी कुछ न कह सकती थीं। उनको अपने पति से उतना मलाल न था, जितना मीर साहब से। उन्होंने उनका, नाम मीर बिगाड़ू रख छोड़ा था। शायद मिरज़ाजी अपनी सफ़ाई देने के लिए सारा इलज़ाम मीर साहब ही के सर थोप देते थे।

एक दिन बेगम साहबा के सिर में दर्द होने लगा। उन्होंने लौंडी से कहा—जाकर मिरज़ा साहब को बुला लो। किसी हकीम के यहाँ से दवा लाएँ। दौड़, जल्दी कर। लौंडी गई तो मिरज़ाजी ने कहा—चल, अभी आते हैं। बेगम साहबा का मिज़ाज गरम था। इतनी ताब कहाँ कि उनके सिर में दर्द हो और पति शतरंज खेलता रहे। चेहरा सुर्ख हो गया। लौंडी से कहा—जाकर कह, अभी चलिए, नहीं तो वह आप ही हकीम के यहाँ चली जाएँगी। मिरज़ाजी बड़ी दिलचस्प बाज़ी खेल रहे थे, दो ही क़िस्तों में मीर साहब की मात हुई जाती थी। झुँझलाकर बोले—क्या ऐसा दम लबों पर है? ज़रा सब्र नहीं होता?

मीर—अरे, तो जाकर सुन ही आइए न। औरतें नाजुक-मिज़ाज होती ही हैं।

मिरज़ा—जी हाँ, चला क्यों न जाऊँ! दो क़िस्तों में आपकी मात होती है।

मीर—जनाब, इस भरोसे न रहिएगा। वह चाल सोची है कि आपके मुहरे धरे रहें और मात हो जाए। पर जाइए, सुन आइए। क्यों खामख्वाह उनका दिल दुखाइएगा?

मिरज़ा—इसी बात पर मात ही करके जाऊँगा।

मीर—मैं खेलूँगा ही नहीं। आप जाकर सुन आइए।

मिरज़ा—अरे यार, जाना पड़ेगा हकीम के यहाँ। सिर-दर्द खाक नहीं है, मुझे परेशान करने का बहाना है।

मीर—कुछ भी हो, उनकी ख़ातिर तो करनी ही पड़ेगी।

मिरज़ा—अच्छा, एक चाल और चल लूँ।

मीर—हरगिज़ नहीं, जब तक आप सुन न आएँगे, मैं मुहरे में हाथ ही न लगाऊँगा।

मिरज़ा साहब मज़बूर होकर अन्दर गए तो बेगम साहबा ने त्योरियाँ बदलकर, लेकिन कराहते हुए कहा—तुम्हें निगोड़ी शतरंज इतनी प्यारी है! चाहे कोई मर ही जाए, पर उठने का नाम नहीं लेते! नौज, कोई तुम-जैसा आदमी हो!

मिरज़ा—क्या कहूँ, मीर साहबा मानते ही न थे। बड़ी मुश्किल से पीछा छुड़ाकर आया हूँ।

बेगम—क्या जैसे वह ख़ुद निखट्टू हैं, वैसे ही सबको समझते हैं। उनके भी तो बाल-बच्चे हैं; या सबका सफाया कर डाला?

मिरज़ा—बड़ा लती आदमी है। जब आ जाता है, तब मज़बूर होकर मुझे भी खेलना पड़ता है।

बेगम—दुत्कार क्यों नहीं देते?

मिरज़ा—बराबर के आदमी हैं; उम्र में, दर्जे में मुझसे दो अंगुल ऊँचे। मुलाहिज़ा करना ही पड़ता है।

बेगम—तो मैं ही दुत्कारे देती हूँ। नाराज़ हो जाएँगे, हो जाएँ। कौन किसी की रोटियाँ चला देता है। रानी रूठेंगी, अपना सुहाग लेंगी। हरिया; जा बाहर से शतरंज उठा ला। मीर साहब से कहना, मियाँ अब न खेलेंगे; आप तशरीफ़ ले जाइए।

मिरज़ा—हाँ-हाँ, कहीं ऐसा ग़ज़ब भी न करना! जलील करना चाहती हो क्या? ठहर हरिया, कहाँ जाती है।

बेगम—जाने क्यों नहीं देते? मेरा ही ख़ून पिए, जो उसे रोके। अच्छा, उसे रोका, मुझे रोको, तो जानूँ?

यह कहकर बेगम साहबा झल्लाई हुई दीवानख़ाने की तरफ़ चलीं। मिरज़ा बेचारे का रंग उड़ गया। बीबी की मिन्नतें करने लगे—ख़ुदा के

लिए, तुम्हें हजरत हुसेन की क़सम है। मेरी ही मैयत देखे, जो उधर जाए। लेकिन बेगम ने एक न मानी। दीवानख़ाने के द्वार तक गईं, पर एकाएक पर-पुरुष के सामने जाते हुए पाँव बँध-से गए। भीतर झाँका, संयोग से कमरा ख़ाली था। मीर साहब ने दो-एक मुहरे इधर-उधर कर दिए थे, और अपनी सफ़ाई जताने के लिए बाहर टहल रहे थे। फिर क्या था, बेगम ने अन्दर पहुँचकर बाज़ी उलट दी, मुहरे कुछ तख़्त के नीचे फेंक दिए, कुछ बाहर और किवाड़ अन्दर से बन्द करके कुंडी लगा दी। मीर साहब दरवाज़े पर तो थे ही, मुहरे बाहर फेंके जाते देखे, चूड़ियों की झनक भी कान में पड़ी। फिर दरवाज़ा बन्द हुआ, तो समझ गए, बेगम साहबा बिगड़ गईं। चुपके से घर की राह ली।

मिरज़ा ने कहा—तुमने ग़ज़ब किया।

बेगम—अब मीर साहब इधर आए, तो खड़े-खड़े निकलवा दूँगी। इतनी लौ ख़ुदा से लगाते, तो वली हो जाते! आप तो शतरंज खेलें, और मैं यहाँ चूल्हे-चक्की की फ़िक्र में सिर खपाऊँ! जाते हो हकीम साहब के यहाँ कि अब भी ताम्मुल है।

मिरज़ा घर से निकले, तो हकीम के घर जाने के बदले मीर साहब के घर पहुँचे और सारा वृत्तांत कहा। मीर साहब बोले—मैंने तो जब मुहरे बाहर आते देखे, तभी ताड़ गया। फ़ौरन भागा। बड़ी ग़ुस्सेवर मालूम होती हैं। मगर आपने उन्हें यों सिर चढ़ा रखा है, यह मुनासिब नहीं। उन्हें इससे क्या मतलब कि आप बाहर क्या करते हैं। घर का इंतज़ाम करना उनका काम है; दूसरी बातों से उन्हें क्या सरोकार?

मिरज़ा—ख़ैर, यह तो बताइए, अब कहाँ जमाव होगा?

मीर—इसका क्या ग़म है। इतना बड़ा घर पड़ा हुआ है। बस यहीं जमें।

मिरज़ा—लेकिन बेगम साहबा को कैसे मनाऊँगा? घर पर बैठा रहता था, तब तो वह इतना बिगड़ती थीं; यहाँ बैठक होगी, तो शायद ज़िन्दा न छोड़ेंगी।

मीर—अजी बकने भी दीजिए, दो-चार रोज़ में आप ही ठीक हो जाएँगी। हाँ, आप इतना कीजिए कि आज से ज़रा तन जाइए।

2

मीर साहब की बेगम किसी अज्ञात कारण से मीर साहब का घर से दूर रहना ही उपयुक्त समझती थीं। इसलिए वह उनके शतरंज-प्रेम की कभी आलोचना न करती थीं; बल्कि कभी-कभी मीर साहब को देर हो जाती, तो याद दिला देती थीं। इन कारणों से मीर साहब को भ्रम हो गया था कि मेरी स्त्री अत्यन्त विनयशील और गम्भीर है। लेकिन जब दीवानख़ाने में बिसात बिछने लगी, और मीर साहब दिन-भर घर में रहने लगे, तो बेगम साहबा को बड़ा कष्ट होने लगा। उनकी स्वाधीनता में बाधा पड़ गई। दिन-भर दरवाज़े पर झाँकने को तरस जातीं।

उधर नौकरों में भी कानाफूसी होने लगी। अब तक दिन-भर पड़े-पड़े मक्खियाँ मारा करते थे। घर में कोई आए, कोई जाए, उनसे कुछ मतलब न था। अब आठों पहर की धौंस हो गई। पान लाने का हुक्म होता, कभी मिठाई का। और हुक़्क़ा तो किसी प्रेमी के हृदय की भाँति नित्य जलता ही रहता था। वे बेगम साहबा से जा-जाकर कहते—हुज़ूर, मियाँ की शतरंज तो हमारे जी का जंजाल हो गई। दिन-भर दौड़ते-दौड़ते पैरों में छाले पड़ गए। यह भी कोई खेल कि सुबह को बैठे तो शाम कर दी। घड़ी आध घड़ी दिल-बहलाव के लिए खेल खेलना बहुत है। ख़ैर, हमें तो कोई शिकायत नहीं; हुज़ूर के ग़ुलाम हैं, जो हुक्म होगा, बजा ही लाएँगे; मगर यह खेल मनहूस है। इसका खेलनेवाला कभी पनपता नहीं; घर पर कोई न कोई आफ़त ज़रूर आती है। यहाँ तक कि एक के पीछे मुहल्ले-के-मुहल्ले तबाह होते देखे गए हैं। सारे मुहल्ले में यही चरचा रहती है। हुज़ूर का नमक खाते हैं, अपने आक़ा की बुराई सुन-सुनकर रंज होता है? मगर क्या करें? इस पर बेगम साहबा कहती हैं—मैं तो ख़ुद इसको पसन्द नहीं करती। पर वह किसी की सुनते ही नहीं, क्या किया जाए।

मुहल्ले में भी जो दो-चार पुराने ज़माने के लोग थे, आपस में भाँति-भाँति की अमंगल कल्पनाएँ करने लगे—अब खैरियत नहीं। जब हमारे रईसों का यह हाल है, तो मुल्क का ख़ुदा ही हाफ़िज है। यह बादशाहत शतरंज के हाथों तबाह होगी। आसार बुरे हैं।

राज्य में हाहाकार मचा हुआ था। प्रजा दिन-दहाड़े लूटी जाती थी। कोई फ़रियाद सुननेवाला न था। देहातों की सारी दौलत लखनऊ में खिंची आती थी और वह वेश्याओं में, भाँड़ों में और विलासिता के अन्य अंगों की पूर्ति में उड़ जाती थी। अंग्रेज़ कम्पनी का ऋण दिन-दिन बढ़ता जाता था। कमली दिन-दिन भीगकर भारी होती जाती थी। देश में सुव्यवस्था न होने के कारण वार्षिक कर भी वसूल न होता था। रेजीडेंट बार-बार चेतावनी देता था, पर यहाँ तो लोग विलासिता के नशे में चूर थे, किसी के कानों पर जूँ न रेंगती थी।

ख़ैर, मीर साहब के दीवानख़ाने में शतरंज होते कई महीने गुज़र गए। नए-नए नक़्शे हल किए जाते; नए-नए क़िले बनाए जाते; नित्य नई व्यूह-रचना होती; कभी-कभी खेलते-खेलते झौड़ हो जाती; तू-तू मैं-मैं तक की नौबत आ जाती; पर शीघ्र ही दोनों मित्रों में मेल हो जाता। कभी-कभी ऐसा भी होता कि बाज़ी उठा दी जाती; मिरज़ाजी रूठकर अपने घर चले जाते। मीर साहब अपने घर में जा बैठते। पर रात भर की निद्रा के साथ सारा मनोमालिन्य शान्त हो जाता था। प्रातःकाल दोनों मित्र दीवानख़ाने में आ पहुँचते थे।

एक दिन दोनों मित्र बैठे हुए शतरंज की दलदल में गोते खा रहे थे कि इतने में घोड़े पर सवार एक बादशाही फ़ौज का अफ़सर मीर साहब का नाम पूछता हुआ आ पहुँचा। मीर साहब के होश उड़ गए। यह क्या बला सिर पर आई! यह तलबी किस लिए हुई है? अब खैरियत नहीं नज़र आती। घर के दरवाज़े बन्द कर लिए। नौकरों से बोले—कह दो, घर में नहीं हैं।

सवार—घर में नहीं, तो कहाँ हैं?

नौकर—यह मैं नहीं जानता। क्या काम है?

सवार—काम तुझे क्या बताऊँगा? हुज़ूर में तलबी है। शायद फ़ौज के लिए कुछ सिपाही माँगे गए हैं। जागीरदार हैं कि दिल्लगी! मोरचे पर जाना पड़ेगा, तो आटे-दाल का भाव मालूम हो जाएगा!

नौकर—अच्छा, तो जाइए, कह दिया जाएगा?

सवार—कहने की बात नहीं है। मैं कल ख़ुद आऊँगा, साथ ले जाने का हुक्म हुआ है।

सवार चला गया। मीर साहब की आत्मा काँप उठी। मिरज़ाजी से बोले—कहिए जनाब, अब क्या होगा?

मिरज़ा—बड़ी मुसीबत है। कहीं मेरी तलबी भी न हो।

मीर—कम्बख़्त कल फिर आने को कह गया है।

मिरज़ा—आफ़त है, और क्या। कहीं मोरचे पर जाना पड़ा, तो बेमौत मरे।

मीर—बस, यही एक तदबीर है कि घर पर मिलो ही नहीं। कल से गोमती पर कहीं वीराने में नख्शा जमे। वहाँ किसे ख़बर होगी। हजरत आकर आप लौट जाएँगे।

मिरज़ा—वल्लाह, आपको ख़ूब सूझी! इसके सिवाय और कोई तदबीर ही नहीं है।

इधर मीर साहब की बेगम उस सवार से कह रही थी, तुमने ख़ूब धता बताया।

उसने जवाब दिया—ऐसे गावदियों को तो चुटकियों पर नचाता हूँ। इनकी सारी अक़्ल और हिम्मत तो शतरंज ने चर ली। अब भूल कर भी घर पर न रहेंगे।

3

दूसरे दिन से दोनों मित्र मुँह अँधेरे घर से निकल खड़े होते। बग़ल में एक छोटी-सी दरी दबाए, डिब्बे में गिलौरियाँ भरे, गोमती पार की एक पुरानी वीरान मसजिद में चले जाते, जिसे शायद नवाब आसफ़उद्दौला ने बनवाया था। रास्ते में तम्बाकू, चिलम और मदरिया ले लेते, और मसजिद में पहुँच, दरी बिछा, हुक़्क़ा भरकर शतरंज खेलने बैठ जाते थे। फिर उन्हें दीन-दुनिया की फ़िक्र न रहती थी। किश्त, शह आदि दो-एक शब्दों के सिवा उनके मुँह से और कोई वाक्य नहीं निकलता था। कोई योगी भी समाधि में इतना एकाग्र न होता होगा। दोपहर को जब भूख मालूम होती तो दोनों मित्र किसी नानबाई की दुकान पर जाकर खाना खाते, और एक चिलम हुक़्क़ा पीकर फिर संग्राम-क्षेत्र में डट जाते। कभी-कभी तो उन्हें भोजन का भी ख्याल न रहता था।

इधर देश की राजनीतिक दशा भयंकर होती जा रही थी। कम्पनी की फ़ौजें लखनऊ की तरफ़ बढ़ी चली आती थीं। शहर में हलचल मची हुई थी। लोग बाल-बच्चों को लेकर देहातों में भाग रहे थे। पर हमारे दोनों खिलाड़ियों को इनकी ज़रा भी फ़िक्र न थी। वे घर से आते तो गलियों में होकर। डर था कि कहीं किसी बादशाही मुलाज़िम की निगाह न पड़ जाए, जो बेकार में पकड़ जाएँ। हज़ारों रुपए सालाना की जागीर मुफ़्त ही हजम करना चाहते थे।

एक दिन दोनों मित्र मसजिद के खंडहर में बैठे हुए शतरंज खेल रहे थे। मिरज़ा की बाज़ी कुछ कमज़ोर थी। मीर साहब उन्हें किश्त-पर-किश्त दे रहे थे। इतने में कम्पनी के सैनिक आते हुए दिखाई दिए। वह गोरों की फ़ौज थी, जो लखनऊ पर अधिकार ज़माने के लिए आ रही थी।

मीर साहब बोले—अंग्रेज़ी फ़ौज आ रही है; ख़ुदा ख़ैर करे।

मिरज़ा—आने दीजिए, किश्त बचाइए। यह किश्त।

मीर—ज़रा देखना चाहिए, यहीं आड़ में खड़े हो जाएँ!

मिरज़ा—देख लीजिएगा, जल्दी क्या है, फिर किश्त!

मीर—तोपख़ाना भी है। कोई पाँच हज़ार आदमी होंगे कैसे-कैसे जवान हैं। लाल बन्दरों के-से मुँह। सूरत देखकर ख़ौफ़ मालूम होता है।

मिरज़ा—जनाब, हीले न कीजिए। ये चकमे किसी और को दीजिएगा। यह किश्त!

मीर—आप भी अजीब आदमी हैं। यहाँ तो शहर पर आफ़त आई हुई है और आपको किश्त की सूझी है! कुछ इसकी भी ख़बर है कि शहर घिर गया, तो घर कैसे चलेंगे?

मिरज़ा—जब घर चलने का वक़्त आएगा, तो देखा जाएगा—यह किश्त! बस, अबकी शह में मात है।

फ़ौज निकल गई। दस बजे का समय था। फिर बाज़ी बिछ गई।

मिरज़ा—आज खाने की कैसे ठहरेगी?

मीर—अजी, आज तो रोज़ा है। क्या आपको ज़्यादा भूख मालूम होती है?

मिरज़ा—जी नहीं। शहर में न जाने क्या हो रहा है!

मीर—शहर में कुछ न हो रहा होगा। लोग खाना खा-खाकर आराम से सो रहे होंगे। हुजूर नवाब साहब भी ऐशगाह में होंगे।

दोनों सज्जन फिर जो खेलने बैठे, तो तीन बज गए। अबकी मिरज़ा जी की बाज़ी कमज़ोर थी। चार का गजर बज ही रहा था कि फ़ौज की वापसी की आहट मिली। नवाब वाजिदअली पकड़ लिए गए थे, और सेना उन्हें किसी अज्ञात स्थान को लिए जा रही थी। शहर में न कोई हलचल थी, न मार-काट। एक बूँद भी ख़ून नहीं गिरा था। आज तक किसी स्वाधीन देश के राजा की पराजय इतनी शांति से, इस तरह ख़ून बहे बिना न हुई होगी। यह वह अहिंसा न थी, जिस पर देवगण प्रसन्न होते हैं। यह वह कायरपन था, जिस पर बड़े-बड़े कायर भी आँसू बहाते हैं। अवध के विशाल देश का नवाब बन्दी चला जाता था, और लखनऊ ऐश की नींद में मस्त था। यह राजनीतिक अध:पतन की चरम सीमा थी।

मिरज़ा ने कहा—हुजूर नवाब साहब को जालिमों ने क़ैद कर लिया है।

मीर—होगा, यह लीजिए शह।

मिरज़ा—जनाब ज़रा ठहरिए। इस वक़्त इधर तबीयत नहीं लगती। बेचारे नवाब साहब इस वक़्त ख़ून के आँसू रो रहे होंगे।

मीर—रोया ही चाहें। यह ऐश वहाँ कहाँ नसीब होगी। यह किश्त!

मिरज़ा—किसी के दिन बराबर नहीं जाते। कितनी दर्दनाक हालत है।

मीर—हाँ, सो तो है ही—यह लो, फिर किश्त! बस, अबकी किश्त में मात है, बच नहीं सकते।

मिरज़ा—ख़ुदा की क़सम, आप बड़े बेदर्द हैं। इतना बड़ा हादसा देखकर भी आपको दुःख नहीं होता। हाय, ग़रीब वाजिदअली शाह!

मीर—पहले अपने बादशाह को तो बचाइए फिर नवाब साहब का मातम कीजिएगा। यह किश्त और यह मात! लाना हाथ!

बादशाह को लिए हुए सेना सामने से निकल गई। उनके जाते ही मिरज़ा ने फिर बाज़ी बिछा दी। हार की चोट बुरी होती है। मीर ने कहा—आइए, नवाब साहब के मातम में एक मरसिया कह डालें। लेकिन मिरज़ा की राजभक्ति अपनी हार के साथ लुप्त हो चुकी थी। वह हार का बदला चुकाने के लिए अधीर हो रहे थे।

4

शाम हो गई। खंडहर में चमगादड़ों ने चीख़ना शुरू किया। अबाबीलें आ-आकर अपने-अपने घोसलों में चिमटीं। पर दोनों खिलाड़ी डटे हुए थे, मानो दो ख़ून के प्यासे सूरमा आपस में लड़ रहे हों। मिरज़ाजी तीन बाज़ियाँ लगातार हार चुके थे; इस चौथी बाज़ी का रंग भी अच्छा न था। वह बार-बार जीतने का दृढ़ निश्चय करके सँभलकर खेलते थे लेकिन एक-न-एक चाल ऐसी बेढब आ पड़ती थी, जिससे बाज़ी ख़राब हो जाती थी। हर बार हार के साथ प्रतिकार की भावना और भी उग्र होती थी। उधर मीर साहब मारे उमंग के ग़ज़लें गाते थे, चुटकियाँ लेते थे, मानो कोई गुप्त धन पा गए हों। मिरज़ाजी सुन-सुनकर झुँझलाते और हार की झेंप को मिटाने के लिए उनकी दाद देते थे। पर ज्यों-ज्यों बाज़ी कमज़ोर पड़ती थी, धैर्य हाथ से निकला जाता था। यहाँ तक कि वह बात-बात पर झुँझलाने लगे—जनाब, आप चाल बदला न कीजिए। यह क्या कि एक चाल चले, और फिर उसे बदल दिया। जो कुछ चलना हो एक बार चल दीजिए; यह आप मुहरे पर हाथ क्यों रखते हैं? मुहरे को छोड़ दीजिए। जब तक आपको चाल न सूझे, मुहरा छुइए ही नहीं। आप एक-एक चाल आध घंटे में चलते हैं। इसकी सनद नहीं। जिसे एक चाल चलने में पाँच मिनट से ज़्यादा लगे, उसकी मात समझी जाए। फिर आपने चाल बदली! चुपके से मुहरा वहीं रख दीजिए।

मीर साहब का फरजी पिटता था। बोले—मैंने चाल चली ही कब थी?

मिरज़ा—आप चाल चल चुके हैं। मुहरा वहीं रख दीजिए—उसी घर में!

मीर—उस घर में क्यों रखूँ? मैंने हाथ से मुहरा छोड़ा ही कब था?

मिरज़ा—मुहरा आप कयामत तक न छोड़ें, तो क्या चाल ही न होगी? फरजी पिटते देखा तो धाँधली करने लगे।

मीर—धाँधली आप करते हैं। हार-जीत तक़दीर से होती है, धाँधली करने से कोई नहीं जीतता?

मिरज़ा—तो इस बाज़ी में तो आपकी मात हो गई।

मीर—मुझे क्यों मात होने लगी?

मिरज़ा—तो आप मुहरा उसी घर में रख दीजिए, जहाँ पहले रक्खा था।

मीर—वहाँ क्यों रखूँ? नहीं रखता।

मिरज़ा—क्यों न रखिएगा? आपको रखना होगा।

तकरार बढ़ने लगी। दोनों अपनी-अपनी टेक पर अड़े थे। न यह दबता था न वह। अप्रासंगिक बातें होने लगीं, मिरज़ा बोले—किसी ने ख़ानदान में शतरंज खेली होती, तब तो इसके कायदे जानते। वे तो हमेशा, घास छीला करते, आप शतरंज क्या खेलिएगा। रियासत और ही चीज़ है। जागीर मिल जाने से ही कोई रईस नहीं हो जाता।

मीर—क्या? घास आपके अब्बाजान छीलते होंगे। यहाँ तो पीढ़ियों से शतरंज खेलते चले आ रहे हैं।

मिरज़ा—अजी, जाइए भी, गाजीउद्दीन हैदर के यहाँ बावरची का काम करते-करते उम्र गुज़र गई आज रईस बनने चले हैं। रईस बनना कुछ दिल्लगी नहीं है।

मीर—क्यों अपने बुजुर्गों के मुँह में कालिख लगाते हो—वे ही बावरची का काम करते होंगे। यहाँ तो हमेशा बादशाह के दस्तरख्वान पर खाना खाते चले आए हैं।

मिरज़ा—अरे चल चरकटे, बहुत बढ़-बढ़कर बातें न कर।

मीर—ज़बान सँभालिए, वरना बुरा होगा। मैं ऐसी बातें सुनने का आदी नहीं हूँ। यहाँ तो किसी ने आँखें दिखाईं कि उसकी आँखें निकालीं। है हौसला?

मिरज़ा—आप मेरा हौसला देखना चाहते हैं, तो फिर, आइए। आज दो-दो हाथ हो जाएँ, इधर या उधर।

मीर—तो यहाँ तुमसे दबनेवाला कौन?

दोनों दोस्तों ने कमर से तलवारें निकाल लीं। नवाबी ज़माना था; सभी तलवार, पेशकब्ज, कटार वग़ैरह बाँधते थे। दोनों विलासी थे, पर कायर न थे। उनमें राजनीतिक भावों का अध:पतन हो गया था—बादशाह के लिए, बादशाहत के लिए क्यों मरें; पर व्यक्तिगत वीरता का अभाव न था। दोनों जख्म खाकर गिरे, और दोनों ने वहीं तड़प-तड़पकर जानें दे दीं। अपने

बादशाह के लिए जिनकी आँखों से एक बूँद आँसू न निकला, उन्हीं दोनों प्राणियों ने शतरंज के वज़ीर की रक्षा में प्राण दे दिए।

अँधेरा हो चला था। बाज़ी बिछी हुई थी। दोनों बादशाह अपने-अपने सिंहासनों पर बैठे हुए मानो इन दोनों वीरों की मृत्यु पर रो रहे थे!

चारों तरफ़ सन्नाटा छाया हुआ था। खंडहर की टूटी हुई मेहराबें, गिरी हुई दीवारें और धूल-धूसरित मीनारें इन लाशों को देखतीं और सिर धुनती थीं।

■

रामलीला

इधर एक मुद्दत से रामलीला देखने नहीं गया। बन्दरों के भद्दे चेहरे लगाए, आधी टाँगों का पाजामा और काले रंग का ऊँचा कुरता पहने आदमियों को दौड़ते, हू-हू करते देखकर अब हँसी आती है; मज़ा नहीं आता। काशी की लीला जगद्विख्यात है। सुना है, लोग दूर-दूर से देखने आते हैं। मैं भी बड़े शौक़ से गया; पर मुझे तो वहाँ की लीला और किसी बज्र देहात की लीला में कोई अन्तर न दिखाई दिया। हाँ, रामनगर की लीला में कुछ साज-सामान अच्छे हैं। राक्षसों और बन्दरों के चेहरे पीतल के हैं, गदाएँ भी पीतल की हैं; कदाचित् वनवासी भ्राताओं के मुकुट सच्चे काम के हों; लेकिन साज-सामान के सिवा वहाँ भी वही हू-हू के सिवा और कुछ नहीं। फिर भी लाखों आदमियों की भीड़ लगी रहती।

लेकिन एक ज़माना वह था, जब मुझे भी रामलीला में आनन्द आता था। आनन्द तो बहुत हलका-सा शब्द है। वह आनन्द उन्माद से कम न था। संयोगवश उन दिनों मेरे घर से बहुत थोड़ी दूर पर रामलीला का मैदान था; और जिस घर में लीला-पात्रों का रूप-रंग भरा जाता था, वह तो मेरे घर से बिलकुल मिला हुआ था। दो बजे दिन से पात्रों की सजावट होने लगती थी। मैं दोपहर ही से वहाँ जा बैठता, और जिस उत्साह से दौड़-दौड़कर छोटे-मोटे काम करता, उस उत्साह से तो आज अपनी पेंशन लेने भी नहीं

जाता। एक कोठरी में राजकुमारी का श्रृंगार होता था। उनकी देह में रामरज पीस कर पोती जाती; मुँह पर पाउडर लगाया जाता और पाउडर के ऊपर लाल, हरे, नीले रंग की बुँदकियाँ लगाई जाती थीं। सारा माथा, भौंहें, गाल, ठोड़ी बुँदकियों से रच उठती थीं। एक ही आदमी इस काम में कुशल था। वही बारी-बारी से तीनों पात्रों का श्रृंगार करता था। रंग की प्यालियों में पानी लाना, रामरज पीसना, पंखा झलना मेरा काम था। जब इन तैयारियों के बाद विमान निकलता, तो उस पर रामचन्द्र जी के पीछे बैठकर मुझे जो उल्लास, जो गर्व, जो रोमांच होता था वह अब लाट साहब के दरबार में कुरसी पर बैठकर भी नहीं होता। एक बार जब होम-मेम्बर साहब ने व्यवस्थापक-सभा में मेरे लिए एक प्रस्ताव का अनुमोदन किया था, उस वक़्त मुझे कुछ उसी तरह का उल्लास, गर्व और रोमांच हुआ था। हाँ, एक बार जब मेरा ज्येष्ठ पुत्र नायब-तहसीलदारी में नामजद हुआ, तब भी ऐसी ही तरंगें मन में उठी थीं; पर इनमें और उस बाल-विह्वलता में बड़ा अन्तर है। तब ऐसा मालूम होता था कि मैं स्वर्ग में बैठा हूँ।

निषाद-नौका-लीला का दिन था। मैं दो-चार लड़कों के बहकाने में आकर गुल्ली-डंडा खेलने लगा था। आज श्रृंगार देखने न गया। विमान भी निकला; पर मैंने खेलना न छोड़ा। मुझे अपना दाँव लेना था। अपना दाँव छोड़ने के लिए उससे कहीं बढ़कर आत्मत्याग की ज़रूरत थी, जितना मैं कर सकता था। अगर दाँव देना होता तो मैं कब का भाग खड़ा होता; लेकिन पदाने में कुछ और ही बात होती है। ख़ैर, दाँव पूरा हुआ। अगर मैं चाहता, तो धाँधली करके दस-पाँच मिनट और पदा सकता था, इसकी काफ़ी गुंजाइश थी, लेकिन अब इसका मौक़ा न था। मैं सीधे नाले की तरफ़ दौड़ा। विमान जलतट पर पहुँच चुका था। मैंने दूर से देखा—मल्लाह किश्ती लिए आ रहा है। दौड़ा, लेकिन आदमियों की भीड़ में दौड़ना कठिन था। आख़िर जब मैं भीड़ हटाता, प्राण-पण से आगे बढ़ता घाट पर पहुँचा, तो निषाद अपनी नौका खोल चुका था। रामचन्द्र पर मेरी कितनी श्रद्धा थी! अपने पाठ की चिन्ता न करके उन्हें पढ़ा दिया करता था, जिसमें वह फेल न हो जाएँ। मुझसे उम्र ज़्यादा होने पर भी वह नीची कक्षा में पढ़ते थे। लेकिन वही रामचन्द्र नौका पर बैठे इस तरह मुँह फेरे चले जाते थे, मानो मुझसे जान-पहचान ही नहीं।

नक़ल में भी असल की कुछ न कुछ बू आ ही जाती है। भक्तों पर जिनकी निगाह सदा ही तीखी रही है, वह मुझे क्यों उबारते? मैं विकल होकर उस बछड़े की भाँति कूदने लगा, जिसकी गरदन पर पहली बार जुआ रखा गया हो। कभी लपककर नाले की ओर जाता, कभी किसी सहायक की खोज में पीछे की तरफ़ दौड़ता, पर सब के सब अपनी धुन में मस्त थे; मेरी चीख़-पुकार किसी के कानों तक न पहुँची। तब से बड़ी-बड़ी विपत्तियाँ झेलीं; पर उस समय जितना दुःख हुआ, उतना फिर कभी न हुआ।

मैंने निश्चय किया था कि अब रामचन्द्र से न कभी बोलूँगा, न कभी खाने की कोई चीज़ ही दूँगा; लेकिन ज्यों ही नाले को पार करके वह पुल की ओर लौटे; मैं दौड़कर विमान पर चढ़ गया, और ऐसा ख़ुश हुआ, मानो कोई बात ही न हुई थी।

2

रामलीला समाप्त हो गई थी। राजगद्दी होनेवाली थी; पर न जाने क्यों देर हो रही थी। शायद चन्दा कम वसूल हुआ था। रामचन्द्र की इन दिनों कोई बात भी न पूछता था। न घर ही जाने की छुट्टी मिलती थी, न भोजन का ही प्रबन्ध होता था। चौधरी साहब के यहाँ से एक सीधा कोई तीन बजे दिन को मिलता था। बाक़ी सारे दिन कोई पानी को नहीं पूछता। लेकिन मेरी श्रद्धा अभी तक ज्यों की त्यों थी। मेरी दृष्टि में अब भी रामचन्द्र ही थे। घर पर मुझे खाने को कोई चीज़ मिलती, वह लेकर रामचन्द्र को दे आता। उन्हें खिलाने में मुझे जितना आनन्द मिलता था, उतना आप खा जाने में कभी न मिलता। कोई मिठाई या फल पाते ही मैं बेतहाशा चौपाल की ओर दौड़ता। अगर रामचन्द्र वहाँ न मिलते तो उन्हें चारों ओर तलाश करता, और जब तक वह चीज़ उन्हें न खिला लेता, मुझे चैन न आता था।

ख़ैर, राजगद्दी का दिन आया। रामलीला के मैदान में एक बड़ा-सा शामियाना ताना गया। उसकी ख़ूब सजावट की गई। वेश्याओं के दल भी आ पहुँचे। शाम को रामचन्द्र की सवारी निकली, और प्रत्येक द्वार पर उनकी आरती उतारी गई। श्रद्धानुसार किसी ने रुपए दिए, किसी ने पैसे।

मेरे पिता पुलिस के आदमी थे; इसलिए उन्होंने बिना कुछ दिए ही आरती उतारी। उस वक़्त मुझे जितनी लज्जा आई, उसे बयान नहीं कर सकता। मेरे पास उस वक़्त संयोग से एक रुपया था। मेरे मामा जी दशहरे के पहले आए थे और मुझे एक रुपया दे गए थे। उस रुपए को मैंने रख छोड़ा था। दशहरे के दिन भी उसे ख़र्च न कर सका। मैंने तुरन्त वह रुपया लाकर आरती की थाली में डाल दिया। पिताजी मेरी ओर कुपित नेत्रों से देखकर रह गए। उन्होंने कुछ कहा तो नहीं; लेकिन मुँह ऐसा बना लिया, जिससे प्रकट होता था कि मेरी इस धृष्टता से उनके रोब में बट्टा लग गया। रात के दस बजते-बजते यह परिक्रमा पूरी हुई। आरती की थाली रुपयों और पैसों से भरी हुई थी। ठीक तो नहीं कह सकता; मगर अब ऐसा अनुमान होता है कि चार-पाँच सौ रुपयों से कम न थे। चौधरी साहब इनसे कुछ ज़्यादा ही ख़र्च कर चुके थे। उन्हें इसकी बड़ी फ़िक्र हुई कि किसी तरह कम से कम दो सौ रुपए और वसूल हो जाएँ और इसकी सबसे अच्छी तरकीब उन्हें यही मालूम हुई कि वेश्याओं द्वारा महफ़िल में वसूली हो। जब लोग आकर बैठ जाएँ, और महफ़िल का रंग जम जाए, तो आबादीजान रसिकजनों की कलाइयाँ पकड़-पकड़कर ऐसे हाव-भाव दिखाएँ कि लोग शरमाते-शरमाते भी कुछ न कुछ दे ही मरें। आबादीजान और चौधरी साहब में सलाह होने लगी। मैं संयोग से उन दोनों प्राणियों की बातें सुन रहा था। चौधरी साहब ने समझा होगा यह लौंडा क्या मतलब समझेगा। पर यहाँ ईश्वर की दया से अक़्ल के पुतले थे। सारी दास्तान समझ में आती जाती थी।

चौधरी—सुनो आबादीजान, यह तुम्हारी ज़्यादती है। हमारा और तुम्हारा कोई पहला साबिका तो है नहीं। ईश्वर ने चाहा, तो यहाँ हमेशा तुम्हारा आना-जाना लगा रहेगा। अब की चन्दा बहुत कम आया, नहीं तो मैं तुमसे इतना इसरार न करता।

आबादी.—आप मुझसे भी ज़मींदारी चालें चलते हैं, क्यों, मगर यहाँ हुजूर की दाल न गलेगी। वाह! रुपए तो मैं वसूल करूँ, और मूँछों पर ताव आप दें। कमाई का अच्छा ढंग निकाला है। इस कमाई से तो वाकई आप थोड़े दिनों में राजा हो जाएँगे। उसके सामने ज़मींदारी झक मारेगी! बस, कल ही से एक चकला खोल दीजिए! ख़ुदा की क़सम, मालामाल हो जाइएगा।

चौधरी—तुम दिल्लगी करती हो, और यहाँ काफिया तंग हो रहा है।

आबादी.—तो आप भी तो मुझी से उस्तादी करते हैं। यहाँ आप-जैसे काँइयों को रोज़ उँगलियों पर नचाती हूँ।

चौधरी—आख़िर तुम्हारी मंशा क्या है?

आबादी.—जो कुछ वसूल करूँ, उसमें आधा मेरा, आधा आपका। लाइए, हाथ मारिए।

चौधरी—यही सही।

आबादी.—अच्छा, तो पहले मेरे सौ रुपए गिन दीजिए। पीछे से आप अलसेट करने लगेंगे।

चौधरी—वाह! वह भी लोगी और यह भी।

आबादी.—अच्छा! तो क्या आप समझते थे कि अपनी उजरत छोड़ दूँगी? वाहरी आपकी समझ! ख़ूब; क्यों न हो। दीवाना बकारे दरवेश हुशियार!

चौधरी—तो क्या तुमने दोहरी फीस लेने की ठानी है?

आबादी.—अगर आपको सौ दफे ग़रज़ हो, तो। वरना मेरे सौ रुपए तो कहीं गए ही नहीं। मुझे क्या कुत्ते ने काटा है, जो लोगों की जेब में हाथ डालती फिरूँ?

चौधरी की एक न चली। आबादी के सामने दबना पड़ा। नाच शुरू हुआ। आबादीजान बला की शोख औरत थी। एक तो कमसिन, उस पर हसीन। और उसकी अदाएँ तो इस गज़ब की थीं कि मेरी तबीयत भी मस्त हुई जाती थी। आदमियों के पहचानने का गुण भी उसमें कुछ कम न था। जिसके सामने बैठ गई, उससे कुछ न कुछ ले ही लिया। पाँच रुपए से कम तो शायद ही किसी ने दिए हों। पिताजी के सामने भी वह बैठी। मैं मारे शर्म के गड़ गया। जब उसने उनकी कलाई पकड़ी, तब तो मैं सहम उठा। मुझे यक़ीन था कि पिताजी उसका हाथ झटक देंगे और शायद दुत्कार भी दें, किन्तु यह क्या हो रहा है! ईश्वर! मेरी आँखें धोखा तो नहीं खा रही हैं! पिताजी मूँछों में हँस रहे हैं। ऐसी मृदु-हँसी उनके चेहरे पर मैंने कभी नहीं देखी थी। उनकी आँखों से अनुराग टपका पड़ता था। उनका एक-एक रोम पुलकित हो रहा था; मगर ईश्वर ने मेरी लाज रख ली। वह देखो, उन्होंने धीरे से आबादी के कोमल हाथों से अपनी कलाई छुड़ा ली। अरे!

यह फिर क्या हुआ? आबादी तो उनके गले में बाँहें डाले देती है। अब पिताजी उसे ज़रूर पीटेंगे। चुड़ैल को ज़रा भी शर्म नहीं।

एक महाशय ने मुस्कुराकर कहा-—यहाँ तुम्हारी दाल न गलेगी, आबादीजान! और दरवाज़ा देखो।

बात तो इन महाशय ने मेरे मन की कही, और बहुत ही उचित कही; लेकिन न-जाने क्यों पिताजी ने उसकी ओर कुपित नेत्रों से देखा, और मूँछों पर ताव दिया। मुँह से तो वह कुछ न बोले; पर उनके मुख की आकृति चिल्लाकर सरोष शब्दों में कह रही थी—तू बनिया, मुझे समझता क्या है? यहाँ ऐसे अवसर पर जान तक निसार करने को तैयार हैं। रुपए की हक़ीक़त ही क्या! तेरा जी चाहे, आजमा ले। तुझसे दूनी रक़म न दे डालूँ, तो मुँह न दिखाऊँ! महान् आश्चर्य! घोर अनर्थ! अरे, ज़मीन तू फट क्यों नहीं जाती? आकाश, तू फट क्यों नहीं पड़ता? अरे, मुझे मौत क्यों नहीं आ जाती! पिताजी जेब में हाथ डाल रहे हैं। वह कोई चीज़ निकाली, और सेठ जी को दिखाकर आबादीजान को दे डाली। आह! यह तो अशर्फी है। चारों ओर तालियाँ बजने लगीं। सेठ जी उल्लू बन गए या पिताजी ने मुँह की खाई, इसका निश्चय मैं नहीं कर सकता। मैंने केवल इतना देखा कि पिताजी ने एक अशर्फी निकालकर आबादीजान को दी। उनकी आँखों में इस समय इतना गर्वयुक्त उल्लास था मानो उन्होंने हातिम की क़ब्र पर लात मारी हो। यही पिताजी हैं, जिन्होंने मुझे आरती में एक रुपया डालते देखकर मेरी ओर इस तरह से देखा था, मानो मुझे फाड़ ही खाएँगे। मेरे उस परमोचित व्यवहार से उनके रोब में फ़र्क़ आता था, और इस समय इस घृणित, कुत्सित और निंदित व्यापार पर गर्व और आनन्द से फूले न समाते थे।

आबादीजान ने एक मनोहर मुस्कान के साथ पिताजी को सलाम किया और आगे बढ़ी; मगर मुझसे वहाँ न बैठा गया। मारे शर्म के मेरा मस्तक झुका जाता था; अगर मेरी आँखों-देखी बात न होती, तो मुझे इस पर कभी एतबार न होता। मैं बाहर जो कुछ देखता-सुनता था, उसकी रिपोर्ट अम्माँ से ज़रूर करता था। पर इस मामले को मैंने उनसे छिपा रखा। मैं जानता था, उन्हें यह बात सुनकर बड़ा दुःख होगा।

रात भर गाना होता रहा। तबले की धमक मेरे कानों में आ रही थी।

जी चाहता था, चलकर देखूँ; पर साहस न होता था। मैं किसी को मुँह कैसे दिखाऊँगा? कहीं किसी ने पिताजी का ज़िक्र छेड़ दिया, तो मैं क्या करूँगा?

प्रात:काल रामचन्द्र की बिदाई होनेवाली थी। मैं चारपाई से उठते ही आँखें मलता हुआ चौपाल की ओर भागा? डर रहा था कि कहीं रामचन्द्र चले न गए हों। पहुँचा, तो देखा—तवायफों की सवारियाँ जाने को तैयार हैं। बीसों आदमी हसरतनाक मुँह बनाए उन्हें घेरे खड़े हैं। मैंने उनकी ओर आँख तक न उठाई। सीधा रामचन्द्र के पास पहुँचा। लक्ष्मण और सीता बैठे रो रहे थे; और रामचन्द्र खड़े काँधे पर लुटिया-डोर डाले उन्हें समझा रहे थे। मेरे सिवा वहाँ और कोई न था। मैंने कुंठित स्वर से रामचन्द्र से पूछा—क्या तुम्हारी बिदाई हो गई?

रामचन्द्र—हाँ, हो तो गई। हमारी बिदाई ही क्या? चौधरी साहब ने कह दिया—जाओ, चले जाते हैं।

'क्या रुपया और कपड़े नहीं मिले?'

'अभी नहीं मिले। चौधरी साहब कहते हैं—इस वक़्त बचत में रुपए नहीं हैं। फिर आकर ले जाना।

'कुछ नहीं मिला?'

'एक पैसा भी नहीं। कहते हैं, कुछ बचत नहीं हुई। मैंने सोचा था, कुछ रुपए मिल जाएँगे तो पढ़ने की किताबें ले लूँगा! सो कुछ न मिला। राह-ख़र्च भी नहीं दिया। कहते हैं—कौन दूर है, पैदल चले जाओ!'

मुझे ऐसा क्रोध आया कि चलकर चौधरी को ख़ूब आड़े हाथों लूँ। वेश्याओं के लिए रुपए, सवारियाँ सब कुछ; पर बेचारे रामचन्द्र और उनके साथियों के लिए कुछ भी नहीं! जिन लोगों ने रात को आबादीजान पर दस-दस, बीस-बीस रुपए न्योछावर किए थे, उनके पास क्या इनके लिए दो-दो, चार-चार आने पैसे भी नहीं। पिताजी ने भी तो आबादीजान को एक अशर्फी दी थी। देखूँ इनके नाम पर क्या देते हैं! मैं दौड़ा हुआ पिताजी के पास गया। वह कहीं तफतीश पर जाने को तैयार खड़े थे। मुझे देखकर बोले—कहाँ घूम रहे हो? पढ़ने के वक़्त तुम्हें घूमने की सूझती है?

मैंने कहा—गया था चौपाल। रामचन्द्र बिदा हो रहे थे। उन्हें चौधरी साहब ने कुछ नहीं दिया।

‘तो तुम्हें इसकी क्या फ़िक्र पड़ी है?’

‘वह जाएँगे कैसे? पास राह-ख़र्च भी तो नहीं है।’

‘क्या कुछ ख़र्च भी नहीं दिया? यह चौधरी साहब की बेइंसाफी है।’

‘आप अगर दो रुपया दे दें, तो मैं उन्हें दे आऊँ। इतने में शायद वह घर पहुँच जाएँ।’

पिताजी ने तीव्र दृष्टि से देखकर कहा—जाओ, अपनी किताब देखो, मेरे पास रुपए नहीं हैं।

यह कहकर वह घोड़े पर सवार हो गए। उसी दिन से पिताजी पर से मेरी श्रद्धा उठ गई। मैंने फिर कभी उनकी डाँट-डपट की परवा नहीं की। मेरा दिल कहता—आपको मुझको उपदेश देने का कोई अधिकार नहीं है। मुझे उनकी सूरत से चिढ़ हो गई। वह जो कहते, मैं ठीक उसका उल्टा करता। यद्यपि इसमें मेरी हानि हुई; लेकिन मेरा अंतःकरण उस समय विप्लवकारी विचारों से भरा हुआ था।

मेरे पास दो आने पैसे पड़े हुए थे। मैंने पैसे उठा लिये और जाकर शरमाते-शरमाते रामचन्द्र को दे दिए। उन पैसों को देखकर रामचन्द्र को जितना हर्ष हुआ, वह मेरे लिए आशातीत था। टूट पड़े, मानो प्यासे को पानी मिल गया।

यही दो आने पैसे लेकर तीनों मूर्तियाँ बिदा हुईं! केवल मैं ही उनके साथ क़स्बे के बाहर तक पहुँचाने आया।

उन्हें बिदा करके लौटा, तो मेरी आँखें सजल थीं; पर हृदय आनन्द से उमड़ा हुआ था।

■

आत्माराम

वेदों-ग्राम में महादेव सोनार एक सुविख्यात आदमी था। वह अपने सायबान में प्रातः से संध्या तक अँगीठी के सामने बैठा हुआ खटखट किया करता

था। यह लगातार ध्वनि सुनने के लोग इतने अभ्यस्त हो गए थे कि जब किसी कारण से वह बन्द हो जाती, तो जान पड़ता था, कोई चीज़ ग़ायब हो गई। वह नित्य-प्रति एक बार प्रातःकाल अपने तोते का पिंजड़ा लिए कोई भजन गाता हुआ तालाब की ओर जाता था। उस धुँधले प्रकाश में उसका जर्जर शरीर, पोपला मुँह और झुकी हुई कमर देखकर किसी अपरिचित मनुष्य को उसके पिशाच होने का भ्रम हो सकता था। ज्यों ही लोगों के कानों में आवाज़ आती—'सत्त गुरुदत्त शिवदत्त दाता', लोग समझ जाते कि भोर हो गई।

महादेव का पारिवारिक जीवन सुखमय न था। उसके तीन पुत्र थे, तीन बहुएँ थीं, दर्जनों नाती-पोते थे, लेकिन उसके बोझ को हलका करनेवाला कोई न था। लड़के कहते—'जब तक दादा जीते हैं, हम जीवन का आनन्द भोग लें, फिर तो यह ढोल गले पड़ेगी ही।' बेचारे महादेव को कभी-कभी निराहार ही रहना पड़ता। भोजन के समय उसके घर में साम्यवाद का ऐसा गगनभेदी निर्घोष होता कि वह भूखा ही उठ जाता, और नारियल का हुक़्क़ा पीता हुआ सो जाता। उसका व्यावसायिक जीवन और भी अशान्तिकारक था। यद्यपि वह अपने काम में निपुण था, उसकी खटाई औरों से कहीं ज़्यादा शुद्धिकारक और उसकी रासायनिक क्रियाएँ कहीं ज़्यादा कष्टसाध्य थीं, तथापि उसे आए दिन शक्की और धैर्य-शून्य प्राणियों के अपशब्द सुनने पड़ते थे। पर महादेव अविचलित गाम्भीर्य से सिर झुकाए सब कुछ सुना करता था। ज्यों ही यह कलह शान्त होता, वह अपने तोते की ओर देखकर पुकार उठता—'सत्त गुरुदत्त शिवदत्त दाता।' इस मंत्र को जपते ही उसके चित्त को पूर्ण शान्ति प्राप्त हो जाती थी।

2

एक दिन संयोगवश किसी लड़के ने पिंजड़े का द्वार खोल दिया। तोता उड़ गया। महादेव ने सिर उठाकर जो पिंजड़े की ओर देखा, तो उसका कलेजा सन्न-से हो गया। तोता कहाँ गया। उसने फिर पिंजड़े को देखा, तोता ग़ायब था! महादेव घबड़ाकर उठा और इधर-उधर खपरैलों पर

निगाह दौड़ाने लगा। उसे संसार में कोई वस्तु अगर प्यारी थी, तो वह यही तोता। लड़के-बालों, नाती-पोतों से उसका जी भर गया था। लड़कों की चुलबुल से उसके काम में विघ्न पड़ता था। बेटों से उसे प्रेम न था; इसलिए नहीं कि वे निकम्मे थे, बल्कि इसलिए कि उनके कारण वह अपने आनन्ददायी कुल्हड़ों की नियमित संख्या से वंचित रह जाता था। पड़ोसियों से उसे चिढ़ थी, इसलिए कि वे अँगीठी से आग निकाल ले जाते थे। इन समस्त विघ्न-बाधाओं से उसके लिए कोई पनाह थी, तो वह यही तोता था। इससे उसे किसी प्रकार का कष्ट न होता था। वह अब उस अवस्था में था जब मनुष्य को शान्ति भोग के सिवा और कोई इच्छा नहीं रहती।

तोता एक खपरैल पर बैठा था। महादेव ने पिंजरा उतार लिया और उसे दिखाकर कहने लगा—'आ-आ' 'सत्त गुरुदत्त शिवदत्त दाता।' लेकिन गाँव और घर के लड़के एकत्र होकर चिल्लाने और तालियाँ बजाने लगे। ऊपर से कौओं ने काँव-काँव की रट लगाई? तोता उड़ा और गाँव से बाहर निकलकर एक पेड़ पर जा बैठा। महादेव ख़ाली पिंजड़ा लिए उसके पीछे दौड़ा, सो दौड़ा। लोगों को उसकी द्रुतगामिता पर अचम्भा हो रहा था। मोह की इससे सुन्दर, इससे सजीव, इससे भावमय कल्पना नहीं की जा सकती।

दोपहर हो गई थी। किसान लोग खेतों से चले आ रहे थे। उन्हें विनोद का अच्छा अवसर मिला। महादेव को चिढ़ाने में सभी को मज़ा आता था। किसी ने कंकड़ फेंके, किसी ने तालियाँ बजाईं। तोता फिर उड़ा और वहाँ से दूर आम के बाग़ में एक पेड़ की फुनगी पर जा बैठा। महादेव फिर ख़ाली पिंजड़ा लिए मेंढक की भाँति उचकता चला। बाग़ में पहुँचा तो पैर के तलुओं से आग निकल रही थी; सिर चक्कर खा रहा था। जब ज़रा सावधान हुआ, तो फिर पिंजड़ा उठाकर कहने लगा—'सत्त गुरुदत्त शिवदत्त दाता।' तोता फुनगी से उतरकर नीचे की एक डाल पर आ बैठा, किन्तु महादेव की ओर सशंक नेत्रों से ताक रहा था। महादेव ने समझा, डर रहा है। वह पिंजड़े को छोड़कर आप एक दूसरे पेड़ की आड़ में छिप गया। तोते ने चारों ओर ग़ौर से देखा, निश्शंक हो गया, उतरा

और आकर पिंजड़े के ऊपर बैठ गया। महादेव का हृदय उछलने लगा। 'सत्त गुरुदत्त शिवदत्त दाता' का मंत्र जपता हुआ धीरे-धीरे तोते के समीप आया और लपका कि तोते को पकड़ ले; किन्तु तोता हाथ न आया, फिर पेड़ पर जा बैठा।

शाम तक यही हाल रहा। तोता कभी इस डाल पर जाता, कभी उस डाल पर। कभी पिंजड़े पर आ बैठता, कभी पिंजड़े के द्वार पर बैठ अपने दाना-पानी की प्यालियों को देखता, और फिर उड़ जाता। बुड्ढा अगर मूर्तिमान मोह था, तो तोता मूर्तिमयी माया। यहाँ तक कि शाम हो गई। माया और मोह का यह संग्राम अंधकार में विलीन हो गया।

3

रात हो गई! चारों ओर निविड़ अंधकार छा गया। तोता न जाने पत्तों में कहाँ छिपा बैठा था। महादेव जानता था कि रात को तोता कहीं उड़कर नहीं जा सकता। और न पिंजड़े ही में आ सकता है, फिर भी वह उस जगह से हिलने का नाम न लेता था। आज उसने दिन भर कुछ नहीं खाया। रात के भोजन का समय भी निकल गया, पानी की बूँद भी उसके कंठ में न गई; लेकिन उसे न भूख थी, न प्यास! तोते के बिना उसे अपना जीवन निस्सार, शुष्क और सूना जान पड़ता था। वह दिन-रात काम करता था; इसलिए कि यह उसकी अंत:प्रेरणा थी; जीवन के और काम इसलिए करता था कि आदत थी। इन कामों में उसे अपनी सजीवता का लेश-मात्र भी ज्ञान न होता था। तोता ही वह वस्तु था, जो उसे चेतना की याद दिलाता था। उसका हाथ से जाना जीव का देह-त्याग करना था।

महादेव दिन भर का भूखा-प्यासा, थका-माँदा, रह-रहकर झपकियाँ ले लेता था; किन्तु एक क्षण में फिर चौंककर आँखें खोल देता और उस विस्तृत अंधकार में उसकी आवाज़ सुनाई देती—'सत्त गुरुदत्त शिवदत्त दाता'।

आधी रात गुज़र गई थी। सहसा वह कोई आहट पाकर चौंका। देखा, एक दूसरे वृक्ष के नीचे एक धुँधला दीपक जल रहा है, और कई आदमी बैठे हुए आपस में कुछ बातें कर रहे हैं। वे सब चिलम पी रहे थे। तमाखू

की महक ने उसे अधीर कर दिया। उच्च स्वर से बोला—'सत्त गुरुदत्त शिवदत्त दाता' और उन आदमियों की ओर चिलम पीने चला गया; किन्तु जिस प्रकार बन्दूक़ की आवाज़ सुनते ही हिरन भाग जाते हैं उसी प्रकार उसे आते देख सब-के-सब उठकर भागे। कोई इधर गया, कोई उधर। महादेव चिल्लाने लगा—'ठहरो-ठहरो' एकाएक उसे ध्यान आ गया, ये सब चोर हैं। वह ज़ोर से चिल्ला उठा—'चोर-चोर, पकड़ो-पकड़ो।' चोरों ने पीछे फिर कर न देखा।

महादेव दीपक के पास गया, तो उसे एक कलसा रखा हुआ मिला जो मोर्चे से काला हो रहा था। महादेव का हृदय उछलने लगा। उसने कलसे में हाथ डाला, तो मोहरें थीं। उसने एक मोहर बाहर निकाली और दीपक के उजाले में देखा। हाँ, मोहर थी। उसने तुरन्त कलसा उठा लिया, और दीपक बुझा दिया और पेड़ के नीचे छिपकर बैठ रहा। साह से चोर बन गया।

उसे फिर शंका हुई, ऐसा न हो, चोर लौट आवें, और मुझे अकेला देखकर मोहरें छीन लें। उसने कुछ मोहर कमर में बाँधीं, फिर एक सूखी लकड़ी से ज़मीन की मिट्टी हटाकर कई गड्ढे बनाए, उन्हें मोहरों से भरकर मिट्टी से ढँक दिया।

4

महादेव के अंतर्नेत्रों के सामने अब एक दूसरा जगत् था, चिन्ताओं और कल्पना से परिपूर्ण। यद्यपि अभी कोष के हाथ से निकल जाने का भय था, पर अभिलाषाओं ने अपना काम शुरू कर दिया। एक पक्का मकान बन गया, सराफे की एक भारी दुकान खुल गई, निज सम्बन्धियों से फिर नाता जुड़ गया, विलास की सामग्रियाँ एकत्रित हो गईं। तब तीर्थ-यात्रा करने चले, और वहाँ से लौटकर बड़े समारोह से यज्ञ, ब्रह्मभोज हुआ। इसके पश्चात् एक शिवालय और कुआँ बन गया, एक बाग़ भी लग गया और वह नित्यप्रति कथा-पुराण सुनने लगा। साधु-सन्तों का आदर-सत्कार होने लगा।

अकस्मात् उसे ध्यान आया। कहीं चोर आ जाएँ, तो मैं भागूँगा क्योंकर? उसने परीक्षा करने के लिए कलसा उठाया। और दो सौ पग तक बेतहाशा भागा हुआ चला गया। जान पड़ता था, उसके पैरों में पर लग गए हैं। चिन्ता शान्त हो गई। इन्हीं कल्पनाओं में रात व्यतीत हो गई। उषा का आगमन हुआ, हवा जगी, चिड़ियाँ गाने लगीं। सहसा महादेव के कानों में आवाज़ आई—

सत्त गुरुदत्त शिवदत्त दाता,
राम के चरण में चित्त लागा।

यह बोल सदैव महादेव की जिह्वा पर रहता था। दिन में सहस्त्रों ही बार ये शब्द उसके मुँह से निकलते थे, पर उनका धार्मिक भाव कभी भी उसके अंत:करण को स्पर्श न करता था। जैसे किसी बाजे से राग निकलता है, उसी प्रकार उसके मुँह से यह बोल निकलता था। निरर्थक और प्रभाव-शून्य। तब उसका हृदय-रूपी वृक्ष पत्र-पल्लव विहीन था। यह निर्मल वायु उसे गुंजरित न कर सकती थी; पर अब उस वृक्ष में कोपलें और शाखाएँ निकल आई थीं। इस वायु-प्रवाह से झूम उठा, गुंजित हो गया।

अरुणोदय का समय था। प्रकृति एक अनुरागमय प्रकाश में डूबी हुई थी। उसी समय तोता पैरों को जोड़े हुए ऊँची डाल से उतरा, जैसे आकाश से कोई तारा टूटे और आकर पिंजड़े में बैठ गया। महादेव प्रफुल्लित होकर दौड़ा और पिंजड़े को उठाकर बोला—'आओ आत्माराम, तुमने कष्ट तो बहुत दिया, पर मेरा जीवन भी सफल कर दिया। अब तुम्हें चाँदी के पिंजड़े में रखूँगा और सोने से मढ़ दूँगा।' उसके रोम-रोम से परमात्मा के गुणानुवाद की ध्वनि निकलने लगी। प्रभु तुम कितने दयावान् हो! यह तुम्हारा असीम वात्सल्य है, नहीं तो मुझ पापी, पतित प्राणी कब इस कृपा के योग्य था! इन पवित्र भावों से उसकी आत्मा विह्वल हो गई! वह अनुरक्त होकर कह उठा—

सत्त गुरुदत्त शिवदत्त दाता,
राम के चरण में चित्त लागा।

उसने एक हाथ में पिंजड़ा लटकाया, बग़ल में कलसा दबाया और घर चला।

5

महादेव घर पहुँचा, तो अभी कुछ अँधेरा था। रास्ते में एक कुत्ते के सिवा और किसी से भेंट न हुई, और कुत्ते को मोहरों से विशेष प्रेम नहीं होता। उसने कलसे को एक नाद में छिपा दिया, और उसे कोयले से अच्छी तरह ढँक कर अपनी कोठरी में रख आया। जब दिन निकल आया तो वह सीधे पुरोहित के घर पहुँचा। पुरोहित पूजा पर बैठे सोच रहे थे—कल ही मुक़दमे की पेशी है और अभी तक हाथ में कौड़ी भी नहीं—यजमानों में कोई साँस भी नहीं लेता। इतने में महादेव ने पालागन की। पंडित जी ने मुँह फेर लिया। यह अमंगलमूर्ति कहाँ से आ पहुँची, मालूम नहीं, दाना भी मयस्सर होगा या नहीं। रुष्ट होकर पूछा—क्या है जी, क्या कहते हो। जानते नहीं, हम इस समय पूजा पर रहते हैं।

महादेव ने कहा—महाराज, आज मेरे यहाँ सत्यनारायण की कथा है।

पुरोहित जी विस्मित हो गए। कानों पर विश्वास न हुआ। महादेव के घर कथा का होना उतनी ही असाधारण घटना थी, जितनी अपने घर से किसी भिखारी के लिए भीख निकालना। पूछा—आज क्या है?

महादेव बोला—कुछ नहीं, ऐसी इच्छा हुई कि आज भगवान् की कथा सुन लूँ।

प्रभात ही से तैयारी होने लगी। वेदों के निकटवर्ती गाँवों में सुपारी फिरी। कथा के उपरान्त भोज का भी नेवता था। जो सुनता आश्चर्य करता। आज रेत में दूब कैसे जमी।

संध्या समय जब सब लोग जमा हुए, और पंडित जी अपने सिंहासन पर विराजमान हुए, तो महादेव खड़ा होकर उच्च स्वर में बोला—भाइयो, मेरी सारी उम्र छल-कपट में कट गई। मैंने न जाने कितने आदमियों को दग़ा दी, कितने खरे को खोटा किया; पर अब भगवान् ने मुझ पर दया की

है, वह मेरे मुँह की कालिख को मिटाना चाहते हैं। मैं आप सब भाइयों से ललकार कर कहता हूँ कि जिसका मेरे ज़िम्मे जो कुछ निकलता हो, जिसकी जमा मैंने मार ली हो, जिसके चोखे माल को खोटा कर दिया हो, वह आकर अपनी एक-एक कौड़ी चुका ले, अगर कोई यहाँ न आ सका हो, तो आप लोग उससे जाकर कह दीजिए, कल से एक महीने तक, जब जी चाहे, आए और अपना हिसाब चुकता कर ले। गवाही-साखी का काम नहीं।

सब लोग सन्नाटे में आ गए। कोई मार्मिक भाव से सिर हिलाकर बोला—हम कहते न थे। किसी ने अविश्वास से कहा—क्या खाकर भरेगा, हज़ारों का टोटल हो जाएगा।

एक ठाकुर ने ठठोली की—और जो लोग सुरधाम चले गए।

महादेव ने उत्तर दिया—उसके घर वाले तो होंगे।

किन्तु इस समय लोगों को वसूली की इतनी इच्छा न थी, जितनी यह जानने की कि इसे इतना धन मिल कहाँ से गया। किसी को महादेव के पास आने का साहस न हुआ। देहात के आदमी थे, गड़े मुर्दे उखाड़ना क्या जानें। फिर प्राय: लोगों को याद भी न था कि उन्हें महादेव से क्या पाना है, और ऐसे पवित्र अवसर पर भूल-चूक हो जाने का भय उनका मुँह बन्द किए हुए था। सबसे बड़ी बात यह थी कि महादेव की साधुता ने उन्हें वशीभूत कर लिया था।

अचानक पुरोहित जी बोले—तुम्हें याद है, मैंने एक कंठा बनाने के लिए सोना दिया था, तुमने कई माशे तौल में उड़ा दिए थे।

महादेव—हाँ, याद है, आपका कितना नुक़सान हुआ होगा?

पुरोहित—पचास रुपए से कम न होगा।

महादेव ने कमर से दो मोहरें निकालीं और पुरोहित जी के सामने रख दीं।

पुरोहित जी की लोलुपता पर टीकाएँ होने लगीं। यह बेईमानी है, बहुत हो, तो दो-चार रुपए का नुक़सान हुआ होगा। बेचारे से पचास रुपए ऐंठ लिए। नारायण का भी डर नहीं। बनने को पंडित, पर नीयत ऐसी ख़राब! राम-राम!!

लोगों को महादेव पर एक श्रद्धा-सी हो गई। एक घंटा बीत गया पर उन सहस्रों मनुष्यों में से एक भी खड़ा न हुआ। तब महादेव ने फिर कहा—मालूम होता है, आप लोग अपना-अपना हिसाब भूल गए हैं, इसलिए आज कथा होने दीजिए। मैं एक महीने तक आपकी राह देखूँगा। इसके पीछे तीर्थ-यात्रा करने चला जाऊँगा। आप सब भाइयों से मेरी विनती है कि आप मेरा उद्धार करें।

एक महीने तक महादेव लेनदारों की राह देखता रहा। रात को चोरों के भय से नींद न आती। अब वह कोई काम न करता। शराब का चसका भी छूटा। साधु-अभ्यागत जो द्वार पर आ जाते, उनका यथायोग्य सत्कार करता। दूर-दूर उसका सुयश फैल गया। यहाँ तक कि महीना पूरा हो गया, और एक आदमी भी हिसाब लेने न आया। अब महादेव को ज्ञान हुआ कि संसार में कितना धर्म, कितना सद्व्यवहार है। अब उसे मालूम हुआ कि संसार बुरों के लिए बुरा है और अच्छों के लिए अच्छा।

6

इस घटना को हुए पचास वर्ष बीत चुके हैं। आप वेदों जाइए, तो दूर ही से एक सुनहला कलश दिखाई देता है। वह ठाकुरद्वारे का कलश है। उससे मिला हुआ एक पक्का तालाब है, जिसमें ख़ूब कमल खिले रहते हैं। उसकी मछलियाँ कोई नहीं पकड़ता, तालाब के किनारे एक विशाल समाधि है। यही आत्माराम का स्मृति-चिह्न है, उसके सम्बन्ध में विभिन्न किंवदंतियाँ प्रचलित हैं। कोई कहता है, वह रत्नजड़ित पिंजड़ा स्वर्ग को चला गया, कोई कहता, वह 'सत्त गुरुदत्त' कहता हुआ अंतर्धान हो गया, पर यथार्थ यह है कि उस पक्षी-रूपी चन्द्र को किसी बिल्ली-रूपी राहु ने ग्रस लिया। लोग कहते हैं, आधी रात को अभी तक तालाब के किनारे आवाज़ आती है—

सत्त गुरुदत्त शिवदत्त दाता,
राम के चरण में चित्त लागा।

महादेव के विषय में भी कितनी ही जन-श्रुतियाँ हैं। उनमें सबसे मान्य यह है कि आत्माराम के समाधिस्थ होने के बाद वह कई संन्यासियों के साथ हिमालय चला गया, और वहाँ से लौटकर न आया। उसका नाम आत्माराम प्रसिद्ध हो गया।

■

ठाकुर का कुआँ

जोखू ने लोटा मुँह से लगाया तो पानी में सख़्त बदबू आई। गंगी से बोला—यह कैसा पानी है? मारे बास के पिया नहीं जाता। गला सूखा जा रहा है और तू सड़ा हुआ पानी पिलाए देती है।

गंगी प्रतिदिन शाम को पानी भर लिया करती थी। कुआँ दूर था; बार-बार जाना मुश्किल था। कल वह पानी लाई, तो उसमें बू बिलकुल न थी; आज पानी में बदबू कैसी? लोटा नाक से लगाया, तो सचमुच बदबू थी। ज़रूर कोई जानवर कुएँ में गिरकर मर गया होगा, मगर दूसरा पानी आवे कहाँ से?

ठाकुर के कुएँ पर कौन चढ़ने देगा। दूर से लोग डाँट बताएँगे। साहू का कुआँ गाँव के उस सिरे पर है; परन्तु वहाँ भी कौन पानी भरने देगा? चौथा कुआँ गाँव में है नहीं।

जोखू कई दिन से बीमार है। कुछ देर तक तो प्यास रोके चुप पड़ा रहा, फिर बोला—अब तो मारे प्यास के रहा नहीं जाता। ला, थोड़ा पानी नाक बन्द करके पी लूँ।

गंगी ने पानी न दिया। ख़राब पानी पीने से बीमारी बढ़ जाएगी—इतना जानती थी; परन्तु यह न जानती थी कि पानी को उबाल देने से उसकी ख़राबी जाती रहती है। बोली यह पानी कैसे पियोगे? न जाने कौन जानवर मरा है। कुएँ से मैं दूसरा पानी लाए देती हूँ।

जोखू ने आश्चर्य से उसकी ओर देखा—दूसरा पानी कहाँ से लाएगी?

'ठाकुर और साहू के दो कुएँ तो हैं। क्या एक लोटा पानी न भरने देंगे?'

'हाथ-पाँव तुड़वा आएगी और कुछ न होगा। बैठ चुपके से। ब्रह्म-देवता आशीर्वाद देंगे, ठाकुर लाठी मारेंगे, साहूजी एक के पाँच लेंगे। ग़रीबों का दर्द कौन समझता है! हम तो मर भी जाते हैं, तो कोई दुआर पर झाँकने नहीं आता, कंधा देना तो बड़ी बात है। ऐसे लोग कुएँ से पानी भरने देंगे?'

इन शब्दों में कड़ुवा सत्य था। गंगी क्या जवाब देती; किन्तु उसने वह बदबूदार पानी पीने को न दिया।

2

रात के नौ बजे थे। थके-माँदे मज़दूर तो सो चुके थे, ठाकुर के दरवाज़े पर दस-पाँच बेफ़िक्रे जमा थे। मैदानी बहादुरी का तो अब न ज़माना रहा है, न मौक़ा। क़ानूनी बहादुरी की बातें हो रही थीं; कितनी होशियारी से ठाकुर ने थानेदार को एक ख़ास मुकद्दमे में रिश्वत दे दी और साफ़ निकल गए। कितनी अक़्लमन्दी से एक मार्के के मुक़द्दमे की नक़ल ले आए। नाजिर और मोहतमिम, सभी कहते थे, नक़ल नहीं मिल सकती। कोई पचास माँगता; कोई सौ। यहाँ बेपैसे-कौड़ी नक़ल उड़ा दी। काम करने का ढंग चाहिए।

इसी समय गंगी कुएँ से पानी लेने पहुँची।

कुप्पी की धुँधली रोशनी कुएँ पर आ रही थी। गंगी जगत की आड़ में बैठी मौक़े का इंतज़ार करने लगी। इस कुएँ का पानी सारा गाँव पीता है। किसी के लिए रोक नहीं; सिर्फ़ ये बदनसीब नहीं भर सकते।

गंगी का विद्रोही दिल रिवाजी पाबंदियों और मज़बूरियों पर चोटें करने लगा—हम क्यों नीच हैं और यह लोग क्यों ऊँच हैं? इसलिए कि ये लोग गले में तागा डाल लेते हैं? यहाँ तो जितने हैं, एक-से-एक छँटे हैं? चोरी ये करें, जाल-फरेब ये करें, झूठे मुक़द्दमे ये करें। अभी इस ठाकुर ने तो उस दिन बेचारे गडरिये की एक भेड़ चुरा ली थी और बाद में मारकर खा गया। इन्हीं पंडितजी के घर में बारहों मासा जुआ होता है। यही साहूजी तो घी में तेल मिलाकर बेचते हैं। काम करा लेते हैं, मजूरी देते नानी मरती

है। किस बात में हैं हमसे ऊँचे। हाँ, मुँह में हमसे ऊँचे हैं। हम गली-गली चिल्लाते नहीं कि हम ऊँचे हैं, हम ऊँचे हैं! कभी गाँव में आ जाती हूँ, तो रसभरी आँखों से देखने लगते हैं। जैसे सबकी छाती पर साँप लोटने लगता है, परन्तु घमंड यह कि हम ऊँचे हैं।

कुएँ पर किसी के आने की आहट हुई। गंगी की छाती धक-धक करने लगी। कहीं देख ले, तो ग़ज़ब हो जाए।

एक लात भी तो नीचे न पड़े। उसने घड़ा और रस्सी उठा ली और झुककर चलती हुई एक वृक्ष के अँधेरे साये में जा खड़ी हुई। कब इन लोगों को दया आती है किसी पर। बेचारे महँगू को इतना मारा कि महीनों लहू थूकता रहा। इसलिए कि उसने बेगार न दी थी! उस पर ये लोग ऊँचे बनते हैं।

कुएँ पर दो स्त्रियाँ पानी भरने आई थीं। इनमें बातें हो रही थीं।

'खाना खाने चले और हुक्म हुआ कि ताज़ा पानी भर लाओ। घड़े के लिए पैसे नहीं है।'

'हम लोगों को आराम से बैठे देखकर जैसे मरदों को जलन होती है।'

'हाँ, यह तो न हुआ कि कलसिया उठाकर भर लाते। बस, हुकुम चला दिया कि ताज़ा पानी लाओ, जैसे हम लौंडियाँ ही तो हैं।'

'लौंडिया नहीं तो और क्या हो तुम? रोटी-कपड़ा नहीं पातीं? दस-पाँच रुपए छीन-झपट कर ले ही लेती हो। और लौंडिया कैसी होती है।'

'मत लजाओ दीदी! छिन भर आराम करने को जी तरस कर रह जाता है। इतना काम किसी दूसरे के घर कर देती, तो इससे कहीं आराम से रहती। ऊपर से वह एहसान मानता। यहाँ काम करते-करते मर जाओ; पर किसी का मुँह ही नहीं सीधा होता।'

दोनों पानी भरकर चली गईं, तो गंगी वृक्ष की छाया से निकली और कुएँ के जगत के पास आई। बेफ़िक्रे चले गए थे। ठाकुर भी दरवाज़ा बन्द कर अन्दर आँगन में सोने जा रहे थे। गंगी ने क्षणिक सुख की साँस ली। किसी तरह मैदान तो साफ़ हुआ। अमृत चुरा लाने के लिए जो राजकुमार किसी जमाने में गया था, वह भी शायद इतनी सावधानी के साथ और समझ-बूझकर न गया होगा। गंगी दबे पाँव कुएँ के जगत पर चढ़ी। विजय का ऐसा अनुभव उसे पहले कभी न हुआ था।

उसने रस्सी का फंदा घड़े में ढाला। दाएँ-बाएँ चौकन्नी दृष्टि से देखा, जैसे कोई सिपाही रात को शत्रु के क़िले में सुराख कर रहा हो। अगर इस समय वह पकड़ ली गई, तो फिर उसके लिए माफ़ी या रिआयत की रत्ती-भर उम्मीद नहीं। अंत में देवताओं को याद करके उसने कलेजा मज़बूत किया और घड़ा कुएँ में डाल दिया।

घड़े ने पानी में गोता लगाया, बहुत ही आहिस्ता। ज़रा भी आवाज़ न हुई। गंगी ने दो चार हाथ जल्दी-जल्दी मारे। घड़ा कुएँ से मुँह तक आ पहुँचा। कोई बड़ा शहज़ोर पहलवान भी इतनी तेज़ी से उसे न खींच सकता था।

गंगी झुकी कि घड़े को पकड़कर जगत पर रखे, कि एकाएक ठाकुर साहब का दरवाज़ा खुल गया। शेर का मुँह इससे अधिक भयानक न होगा।

गंगी के हाथ से रस्सी छूट गई। रस्सी के साथ घड़ा धड़ाम से पानी में गिरा और कई क्षण तक पानी में हलकोरे की आवाज़ें सुनाई देती रहीं।

ठाकुर, 'कौन है, कौन है?' पुकारते हुए कुएँ की तरफ़ आ रहे थे और गंगी जगत से कूदकर भागी जा रही थी।

घर पहुँचकर देखा कि जोखू लोटा मुँह से लगाए वही मैला-गंदा पानी पी रहा है।

■

दो बैलों की कथा

जानवरों में गधा सबसे ज़्यादा बुद्धिहीन समझा जाता है। हम जब किसी आदमी को परले दरजे का बेवकूफ़ कहना चाहते हैं, तो उसे गधा कहते हैं। गधा सचमुच बेवकूफ़ है, या उसके सीधेपन, उसकी निरापद सहिष्णुता ने उसे यह पदवी दे दी है, इसका निश्चय नहीं किया जा सकता। गायें सींग मारती हैं, ब्यायी हुई गाय तो अनायास ही सिंहनी का रूप धारण कर लेती है। कुत्ता भी बहुत ग़रीब जानवर है, लेकिन कभी-कभी उसे भी क्रोध आ ही जाता है; किन्तु गधे को कभी क्रोध करते नहीं सुना, न देखा। जितना

चाहो ग़रीब को मारो, चाहे जैसी ख़राब, सड़ी हुई घास सामने डाल दो, उसके चेहरे पर कभी असन्तोष की छाया भी न दिखाई देगी। वैशाख में चाहे एकाध बार कुलेल कर लेता हो; पर हमने तो उसे कभी ख़ुश होते नहीं देखा। उसके चेहरे पर एक स्थायी विषाद स्थायी रूप से छाया रहता है। सुख-दुःख, हानि-लाभ, किसी भी दशा में उसे बदलते नहीं देखा। ऋषियों-मुनियों के जितने गुण हैं, वे सभी उसमें पराकाष्ठा को पहुँच गए हैं; पर आदमी उसे बेवकूफ़ कहता है। सद्गुणों का इतना अनादर कहीं नहीं देखा। कदाचित् सीधापन संसार के लिए उपयुक्त नहीं है। देखिए न, भारतवासियों की अफ्रीका में क्या दुर्दशा हो रही है? क्यों अमरीका में उन्हें घुसने नहीं दिया जाता? बेचारे शराब नहीं पीते, चार पैसे कुसमय के लिए बचाकर रखते हैं, जी तोड़कर काम करते हैं, किसी से लड़ाई-झगड़ा नहीं करते, चार बातें सुनकर ग़म खा जाते हैं फिर भी बदनाम हैं। कहा जाता है, वे जीवन के आदर्श को नीचा करते हैं। अगर वे भी ईंट का जवाब पत्थर से देना सीख जाते, तो शायद सभ्य कहलाने लगते। जापान की मिसाल सामने है। एक ही विजय ने उसे संसार की सभ्य जातियों में गण्य बना दिया।

लेकिन गधे का एक छोटा भाई और भी है, जो उससे कम ही गधा है, और वह है 'बैल'। जिस अर्थ में हम गधा का प्रयोग करते हैं, कुछ उसी से मिलते-जुलते अर्थ में 'बछिया के ताऊ' का भी प्रयोग करते हैं। कुछ लोग बैल को शायद बेवकूफ़ों में सर्वश्रेष्ठ कहेंगे; मगर हमारा विचार ऐसा नहीं है। बैल कभी-कभी मारता भी है, कभी-कभी अड़ियल बैल भी देखने में आता है। और भी कई रीतियों से अपना असन्तोष प्रकट कर देता है; अतएव उसका स्थान गधे से नीचा है।

झूरी काछी के दोनों बैलों के नाम थे हीरा और मोती। दोनों पछाईं जाति के थे—देखने में सुन्दर, काम में चौकस, डील में ऊँचे। बहुत दिनों साथ रहते-रहते दोनों में भाईचारा हो गया था। दोनों आमने-सामने या आस-पास बैठे हुए एक-दूसरे से मूक-भाषा में विचार-विनिमय करते थे। एक, दूसरे के मन की बात कैसे समझ जाता था, हम नहीं कह सकते। अवश्य ही उनमें कोई ऐसी गुप्त शक्ति थी, जिससे जीवों में श्रेष्ठता का दावा करनेवाला मनुष्य वंचित है। दोनों एक-दूसरे को चाटकर और सूँघकर अपना प्रेम प्रकट करते,

कभी-कभी दोनों सींग भी मिला लिया करते थे—विग्रह के नाते से नहीं, केवल विनोद के भाव से, आत्मीयता के भाव से, जैसे दोस्तों में घनिष्ठता होते ही धौल-धप्पा होने लगता है। इसके बिना दोस्ती कुछ फुसफुसी, कुछ हलकी-सी रहती है, जिस पर ज़्यादा विश्वास नहीं किया जा सकता। जिस वक़्त ये दोनों बैल हल या गाड़ी में जोत दिए जाते और गरदन हिला-हिलाकर चलते, उस वक़्त हर एक की यही चेष्टा होती थी कि ज़्यादा-से-ज़्यादा बोझ मेरी ही गरदन पर रहे। दिन-भर के बाद दोपहर या संध्या को दोनों खुलते, तो एक-दूसरे को चाट-चूटकर अपनी थकान मिटा लिया करते। नाँद में खली-भूसा पड़ जाने के बाद दोनों साथ उठते, साथ नाँद में मुँह डालते और साथ ही बैठते थे। एक मुँह हटा लेता, तो दूसरा भी हटा लेता था।

संयोग की बात, झूरी ने एक बार गोईं को ससुराल भेज दिया। बैलों को क्या मालूम, वे क्यों भेजे जा रहे हैं। समझे, मालिक ने हमें बेच दिया। अपना यों बेचा जाना उन्हें अच्छा लगा या बुरा, कौन जाने, पर झूरी के साले गया को घर तक गोईं ले जाने में दाँतों पसीना आ गया। पीछे से हाँकता तो दोनों दाएँ-बाएँ भागते; पगहिया पकड़कर आगे से खींचता, तो दोनों पीछे को ज़ोर लगाते। मारता तो दोनों सींग नीचे करके हुँकारते। अगर ईश्वर ने उन्हें वाणी दी होती, तो झूरी से पूछते—तुम हम ग़रीबों को क्यों निकाल रहे हो? हमने तो तुम्हारी सेवा करने में कोई कसर नहीं उठा रखी। अगर इतनी मेहनत से काम न चलता था तो और काम ले लेते। हमें तो तुम्हारी चाकरी में मर जाना कबूल था। हमने कभी दाने-चारे की शिकायत नहीं की। तुमने जो कुछ खिलाया, वह सिर झुकाकर खा लिया, फिर तुमने हमें इस जालिम के हाथ क्यों बेच दिया?

संध्या समय दोनों बैल अपने नए स्थान पर पहुँचे। दिन-भर के भूखे थे, लेकिन जब नाँद में लगाए गए, तो एक ने भी उसमें मुँह न डाला। दिल भारी हो रहा था। जिसे उन्होंने अपना घर समझ रखा था, वह आज उनसे छूट गया था। यह नया घर, नया गाँव, नए आदमी, उन्हें बेगानों-से लगते थे।

दोनों ने अपनी मूक-भाषा में सलाह की, एक-दूसरे को कनखियों से देखा और लेट गए। जब गाँव में सोता पड़ गया, तो दोनों ने ज़ोर मारकर पगहे तुड़ा डाले और घर की तरफ़ चले। पगहे बहुत मज़बूत थे। अनुमान

न हो सकता था कि कोई बैल उन्हें तोड़ सकेगा; पर इन दोनों में इस समय दूनी शक्ति आ गई थी। एक-एक झटके में रस्सियाँ टूट गईं।

झूरी प्रातःकाल सोकर उठा, तो देखा कि दोनों बैल चरनी पर खड़े हैं। दोनों की गरदनों में आधा-आधा गराँव लटक रहा है। घुटने तक पाँव कीचड़ से भरे हैं और दोनों की आँखों में विद्रोहमय स्नेह झलक रहा है।

झूरी बैलों को देखकर स्नेह से गद्गद हो गया। दौड़कर उन्हें गले लगा लिया। प्रेमालिंगन और चुम्बन का वह दृश्य बड़ा ही मनोहर था।

घर और गाँव के लड़के जमा हो गए और तालियाँ बजा-बजाकर उनका स्वागत करने लगे। गाँव के इतिहास में यह घटना अभूतपूर्व न होने पर भी महत्त्वपूर्ण थी। बाल-सभा ने निश्चय किया, दोनों पशु-वीरों को अभिनन्दन-पत्र देना चाहिए। कोई अपने घर से रोटियाँ लाया, कोई गुड़, कोई चोकर, कोई भूसी।

एक बालक ने कहा—ऐसे बैल किसी के पास न होंगे।

दूसरे ने समर्थन किया—इतनी दूर से दोनों अकेले चले आए।

तीसरा बोला—बैल नहीं हैं वे, उस जनम के आदमी हैं।

इसका प्रतिवाद करने का किसी को साहस न हुआ।

झूरी की स्त्री ने बैलों को द्वार पर देखा, तो जल उठी। बोली—कैसे नमकहराम बैल हैं कि एक दिन वहाँ काम न किया; भाग खड़े हुए।

झूरी अपने बैलों पर यह आक्षेप न सुन सका—नमकहराम क्यों हैं? चारा-दाना न दिया होगा, तो क्या करते?

स्त्री ने रोब के साथ कहा—बस, तुम्हीं तो बैलों को खिलाना जानते हो, और तो सभी पानी पिला-पिलाकर रखते हैं।

झूरी ने चिढ़ाया—चारा मिलता तो क्यों भागते?

स्त्री चिढ़ी—भागे इसलिए कि वे लोग तुम-जैसे बुद्धुओं की तरह बैलों को सहलाते नहीं। खिलाते हैं, तो रगड़कर जोतते भी हैं। ये दोनों ठहरे कामचोर, भाग निकले। अब देखूँ, कहाँ से खली और चोकर मिलता है! सूखे भूसे के सिवा कुछ न दूँगी, खाएँ चाहें मरें।

वही हुआ। मजूर को कड़ी ताक़ीद कर दी गई कि बैलों को ख़ाली सूखा भूसा दिया जाए।

बैलों ने नाँद में मुँह डाला, तो फीका-फीका। न कोई चिकनाहट, न कोई रस! क्या खाएँ? आशा-भरी आँखों से द्वार की ओर ताकने लगे।

झूरी ने मजूर से कहा—थोड़ी-सी खली क्यों नहीं डाल देता बे?

'मालकिन मुझे मार ही डालेंगी।'

'चुराकर डाल आ।'

'ना दादा, पीछे से तुम भी उन्हीं की-सी कहोगे।'

2

दूसरे दिन झूरी का साला फिर आया और बैलों को ले चला। अबकी उसने दोनों को गाड़ी में जोता।

दो-चार बार मोती ने गाड़ी को सड़क की खाई में गिराना चाहा; पर हीरा ने सँभाल लिया। वह ज़्यादा सहनशील था।

संध्या-समय घर पहुँचकर उसने दोनों को मोटी रस्सियों से बाँधा और कल की शरारत का मज़ा चखाया। फिर वही सूखा भूसा डाल दिया। अपने दोनों बैलों को खली, चूनी सब कुछ दी।

दोनों बैलों का ऐसा अपमान कभी न हुआ था। झूरी इन्हें फूल की छड़ी से भी न छूता था। उसकी टिटकार पर दोनों उड़ने लगते थे। यहाँ मार पड़ी। आहत-सम्मान की व्यथा तो थी ही, उस पर मिला सूखा भूसा!

नाँद की तरफ़ आँखें तक न उठाईं।

दूसरे दिन गया ने बैलों को हल में जोता, पर इन दोनों ने जैसे पाँव न उठाने की क़सम खा ली थी। वह मारते-मारते थक गया; पर दोनों ने पाँव न उठाया। एक बार जब उस निर्दयी ने हीरा की नाक पर ख़ूब डंडे जमाए, तो मोती का ग़ुस्सा काबू के बाहर हो गया। हल लेकर भागा। हल, रस्सी, जुआ, जोत, सब टूट-टाट कर बराबर हो गया। गले में बड़ी-बड़ी रस्सियाँ न होतीं, तो दोनों पकड़ाई में न आते।

हीरा ने मूक-भाषा में कहा—भागना व्यर्थ है।

मोती ने उत्तर दिया—तुम्हारी तो इसने जान ही ले ली थी।

'अबकी बड़ी मार पड़ेगी।'

'पड़ने दो, बैल का जन्म लिया है, तो मार से कहाँ तक बचेंगे?'

'गया दो आदमियों के साथ दौड़ा आ रहा हैं। दोनों के हाथों में लाठियाँ हैं।'

मोती बोला—कहो तो दिखा दूँ कुछ मज़ा मैं भी। लाठी लेकर आ रहा है।

हीरा ने समझाया—नहीं भाई! खड़े हो जाओ।

'मुझे मारेगा, तो मैं भी एक-दो को गिरा दूँगा!'

'नहीं। हमारी जाति का यह धर्म नहीं है।'

मोती दिल में ऐंठकर रह गया। गया आ पहुँचा और दोनों को पकड़कर ले चला। कुशल हुई कि उसने इस वक़्त मारपीट न की, नहीं तो मोती भी पलट पड़ता। उसके तेवर देखकर गया और उसके सहायक समझ गए कि इस वक़्त टाल जाना ही मसलहत है।

आज दोनों के सामने फिर वही सूखा भूसा लाया गया। दोनों चुपचाप खड़े रहे। घर के लोग भोजन करने लगे। उस वक़्त छोटी-सी लड़की दो रोटियाँ लिए निकली, और दोनों के मुँह में देकर चली गई। उस एक रोटी से इनकी भूख तो क्या शान्त होती; पर दोनों के हृदय को मानो भोजन मिल गया। यहाँ भी किसी सज्जन का वास है। लड़की भैरो की थी। उसकी माँ मर चुकी थी। सौतेली माँ उसे मारती रहती थी, इसलिए इन बैलों से उसे एक प्रकार की आत्मीयता हो गई थी।

दोनों दिन-भर जोते जाते, डंडे खाते, अड़ते। शाम को थान पर बाँध दिए जाते और रात को वही बालिका उन्हें दो रोटियाँ खिला जाती। प्रेम के इस प्रसाद की यह बरकत थी कि दो-दो गाल सूखा भूसा खाकर भी दोनों दुर्बल न होते थे, मगर दोनों की आँखों में रोम-रोम में विद्रोह भरा हुआ था।

एक दिन मोती ने मूक-भाषा में कहा—अब तो नहीं सहा जाता, हीरा!

'क्या करना चाहते हो?'

'एकाध को सींगों पर उठाकर फेंक दूँगा।'

'लेकिन जानते हो, वह प्यारी लड़की, जो हमें रोटियाँ खिलाती है, उसी की लड़की है, जो इस घर का मालिक है। यह बेचारी अनाथ न हो जाएगी?'

'तो मालकिन को न फेंक दूँ। वही तो उस लड़की को मारती है।'

'लेकिन औरत जात पर सींग चलाना मना है, यह भूले जाते हो।'

'तुम तो किसी तरह निकलने ही नहीं देते। बताओ, तुड़ाकर भाग चलें।'

'हाँ, यह मैं स्वीकार करता हूँ, लेकिन इतनी मोटी रस्सी टूटेगी कैसे?'

'इसका एक उपाय है। पहले रस्सी को थोड़ा-सा चबा लो। फिर एक झटके में जाती है।'

रात को जब बालिका रोटियाँ खिलाकर चली गई, दोनों रस्सियाँ चबाने लगे, पर मोटी रस्सी मुँह में न आती थी। बेचारे बार-बार ज़ोर लगाकर रह जाते थे।

सहसा घर का द्वार खुला और वही लड़की निकली। दोनों सिर झुकाकर उसका हाथ चाटने लगे। दोनों की पूँछें खड़ी हो गईं। उसने उनके माथे सहलाए और बोली—खोले देती हूँ। चुपके से भाग जाओ, नहीं तो यहाँ लोग मार डालेंगे। आज घर में सलाह हो रही है कि इनकी नाकों में नाथ डाल दी जाएँ।

उसने गराँव खोल दिया, पर दोनों चुपचाप खड़े रहे।

मोती ने अपनी भाषा में पूछा—अब चलते क्यों नहीं।

हीरा ने कहा—चलें तो लेकिन कल इस अनाथ पर आफ़त आएगी। सब इसी पर सन्देह करेंगे। सहसा बालिका चिल्लाई—दोनों फूफावाले बैल भागे जा रहे हैं। ओ दादा! दादा! दोनों बैल भागे जा रहे हैं, जल्दी दौड़ो।

गया हड़बड़ाकर भीतर से निकला और बैलों को पकड़ने चला। वे दोनों भागे। गया ने पीछा किया। और भी तेज़ हुए। गया ने शोर मचाया। फिर गाँव के कुछ आदमियों को भी साथ लेने के लिए लौटा। दोनों मित्रों को भागने का मौक़ा मिल गया। सीधे दौड़ते चले गए। यहाँ तक कि मार्ग का ज्ञान न रहा। जिस परिचित मार्ग से आए थे, उसका यहाँ पता न था। नए-नए गाँव मिलने लगे। तब दोनों एक खेत के किनारे खड़े होकर सोचने लगे, अब क्या करना चाहिए।

हीरा ने कहा—मालूम होता है, राह भूल गए।

'तुम भी बेतहाशा भागे। वहीं उसे मार गिराना था।'

'उसे मार गिराते, तो दुनिया क्या कहती? वह अपना धर्म छोड़ दे, लेकिन हम अपना धर्म क्यों छोड़ें?'

दोनों भूख से व्याकुल हो रहे थे। खेत में मटर खड़ी थी। चरने लगे। रह-रहकर आहट ले लेते थे, कोई आता तो नहीं है।

जब पेट भर गया, दोनों ने आज़ादी का अनुभव किया, तो मस्त होकर उछलने-कूदने लगे। पहले दोनों ने डकार ली। फिर सींग मिलाए और एक-दूसरे को ठेलने लगे। मोती ने हीरा को कई क़दम पीछे हटा दिया, यहाँ तक कि वह खाई में गिर गया। तब उसे भी क्रोध आया। सँभलकर उठा और फिर मोती से मिल गया। मोती ने देखा—खेल में झगड़ा हुआ चाहता है, तो किनारे हट गया।

3

अरे! यह क्या? कोई साँड़ डौंकता चला आ रहा है। हाँ, साँड़ ही है। वह सामने आ पहुँचा। दोनों मित्र बग़लें झाँक रहे हैं। साँड़ पूरा हाथी है। उससे भिड़ना जान से हाथ धोना है; लेकिन न भिड़ने पर भी जान बचती नहीं नज़र आती। इन्हीं की तरफ़ आ भी रहा है। कितनी भयंकर सूरत है!

मोती ने मूक-भाषा में कहा—बुरे फँसे। जान बचेगी? कोई उपाय सोचो।

हीरा ने चिन्तित स्वर में कहा—अपने घमंड में भूला हुआ है। आरज़ू-विनती न सुनेगा।

'भाग क्यों न चलें?'

'भागना कायरता है।'

'तो फिर यहीं मरो। बंदा तो नौ-दो-ग्यारह होता है।'

'और जो दौड़ाए?'

'तो फिर कोई उपाय सोचो जल्द!'

'उपाय यही है कि उस पर दोनों जने एक साथ चोट करें? मैं आगे से रगेदता हूँ, तुम पीछे से रगेदो, दोहरी मार पड़ेगी, तो भाग खड़ा होगा। मेरी ओर झपटे, तुम बग़ल से उसके पेट में सींग घुसेड़ देना। जान जोखिम है; पर दूसरा उपाय नहीं है।'

दोनों मित्र जान हथेलियों पर लेकर लपके। साँड़ को भी संगठित शत्रुओं से लड़ने का तजुरबा न था। वह तो एक शत्रु से मल्लयुद्ध करने

का आदी था। ज्यों ही हीरा पर झपटा, मोती ने पीछे से दौड़ाया। साँड़ उसकी तरफ़ मुड़ा, तो हीरा ने रगेदा। साँड़ चाहता था कि एक-एक करके दोनों को गिरा ले; पर ये दोनों भी उस्ताद थे। उसे वह अवसर न देते थे। एक बार साँड़ झल्लाकर हीरा का अंत कर देने के लिए चला कि मोती ने बग़ल से आकर पेट में सींग भोंक दिया। साँड़ क्रोध में आकर पीछे फिरा तो हीरा ने दूसरे पहलू में सींग चुभा दिया। आख़िर बेचारा जख्मी होकर भागा और दोनों मित्रों ने दूर तक उसका पीछा किया। यहाँ तक कि साँड़ बेदम होकर गिर पड़ा। तब दोनों ने उसे छोड़ दिया।

दोनों मित्र विजय के नशे में झूमते चले जाते थे।

मोती ने अपनी सांकेतिक भाषा में कहा—मेरा जी तो चाहता था कि बच्चा को मार ही डालूँ।

हीरा ने तिरस्कार किया—गिरे हुए बैरी पर सींग न चलाना चाहिए।

'यह सब ढोंग है। बैरी को ऐसा मारना चाहिए कि फिर न उठे।'

'अब घर कैसे पहुँचेंगे, वह सोचो।'

'पहले कुछ खा लें, तो सोचें।'

सामने मटर का खेत था ही। मोती उसमें घुस गया। हीरा मना करता रहा, पर उसने एक न सुनी। अभी दो ही चार ग्रास खाए थे कि दो आदमी लाठियाँ लिए दौड़ पड़े, और दोनों मित्रों को घेर लिया। हीरा तो मेड़ पर था, निकल गया। मोती सींचे हुए खेत में था। उसके खुर कीचड़ में धँसने लगे। न भाग सका। पकड़ लिया। हीरा ने देखा, संगी संकट में है, तो लौट पड़ा। फँसेंगे तो दोनों फँसेंगे। रखवालों ने उसे भी पकड़ लिया।

प्रातःकाल दोनों मित्र काँजीहौस में बन्द कर दिए गए।

4

दोनों मित्रों को जीवन में पहली बार ऐसा साबिका पड़ा कि सारा दिन बीत गया और खाने को एक तिनका भी न मिला। समझ ही में न आता था, यह कैसा स्वामी है। इससे तो गया फिर भी अच्छा था। यहाँ कई भैंसें थीं, कई बकरियाँ, कई घोड़े, कई गधे; पर किसी के सामने चारा न था, सब

ज़मीन पर मुरदों की तरह पड़े थे। कई तो इतने कमज़ोर हो गए थे कि खड़े भी न हो सकते थे। सारा दिन दोनों मित्र फाटक की ओर टकटकी लगाए ताक़ते रहे; पर कोई चारा लेकर आता न दिखाई दिया। तब दोनों ने दीवार की नमकीन मिट्टी चाटनी शुरू की, पर इससे क्या तृप्ति होती?

रात को भी जब कुछ भोजन न मिला, तो हीरा के दिल में विद्रोह की ज्वाला दहक उठी। मोती से बोला—अब तो नहीं रहा जाता मोती!

मोती ने सिर लटकाए हुए जवाब दिया—मुझे तो मालूम होता है, प्राण निकल रहे हैं।

'इतनी जल्द हिम्मत न हारो भाई! यहाँ से भागने का कोई उपाय निकालना चाहिए।'

'आओ दीवार तोड़ डालें।

'मुझसे तो अब कुछ नहीं होगा।'

'बस इसी बूते पर अकड़ते थे!'

'सारी अकड़ निकल गई।'

बाड़े की दीवार कच्ची थी। हीरा मज़बूत तो था ही, अपने नुकीले सींग दीवार में गड़ा दिए और ज़ोर मारा, तो मिट्टी का एक चिप्पड़ निकल आया। फिर तो उसका साहस बढ़ा। इसने दौड़-दौड़कर दीवार पर चोटें कीं और हर चोट में थोड़ी-थोड़ी मिट्टी गिराने लगा।

उसी समय काँजीहौस का चौकीदार लालटेन लेकर जानवरों की हाजिरी लेने आ निकला। हीरा का उजड्डपन देखकर उसने उसे कई डंडे रसीद किए और मोटी-सी रस्सी से बाँध दिया।

मोती ने पड़े-पड़े कहा—आख़िर मार खाई, क्या मिला?

'अपने बूते-भर ज़ोर तो मार दिया।'

'ऐसा ज़ोर मारना किस काम का कि और बंधन में पड़ गए।'

'ज़ोर तो मारता ही जाऊँगा, चाहे कितने ही बंधन पड़ते जाएँ।'

'जान से हाथ धोना पड़ेगा।'

'कुछ परवाह नहीं। यों भी तो मरना ही है। सोचो, दीवार ख़ुद जाती, तो कितनी जानें बच जातीं। इतने भाई यहाँ बन्द हैं। किसी की देह में जान नहीं है। दो-चार दिन और यही हाल रहा, तो सब मर जाएँगे।'

'हाँ, यह बात तो है। अच्छा, तो ला, फिर मैं भी ज़ोर लगाता हूँ।'

मोती ने भी दीवार में उसी जगह सींग मारा। थोड़ी-सी मिट्टी गिरी और फिर हिम्मत बढ़ी। फिर तो वह दीवार में सींग लगाकर इस तरह ज़ोर करने लगा, मानो किसी प्रतिद्वन्द्वी से लड़ रहा है। आख़िर कोई दो घंटे की ज़ोर-आजमाई के बाद दीवार ऊपर से लगभग एक हाथ गिर गई। उसने दूनी शक्ति से दूसरा धक्का मारा, तो आधी दीवार गिर पड़ी।

दीवार का गिरना था कि अधमरे-से पड़े हुए सभी जानवर चेत उठे। तीनों घोड़ियाँ सरपट भाग निकलीं। फिर बकरियाँ निकलीं। इसके बाद भैंसें भी खिसक गईं; पर गधे अभी तक ज्यों-के-त्यों खड़े थे।

हीरा ने पूछा—तुम दोनों क्यों नहीं भाग जाते?

एक गधे ने कहा—जो कहीं फिर पकड़ लिये जाएँ।

'तो क्या हरज है। अभी तो भागने का अवसर है।'

'हमें तो डर लगता है, हम यहीं पड़े रहेंगे।'

आधी रात से ऊपर जा चुकी थी। दोनों गधे अभी तक खड़े सोच रहे थे कि भागें या न भागें, और मोती अपने मित्र की रस्सी तोड़ने में लगा हुआ था। जब वह हार गया, तो हीरा ने कहा—तुम जाओ, मुझे यहीं पड़ा रहने दो। शायद कहीं भेंट हो जाए।

मोती ने आँखों में आँसू लाकर कहा—तुम मुझे इतना स्वार्थी समझते हो, हीरा? हम और तुम इतने दिनों एक साथ रहे हैं। आज तुम विपति में पड़ गए, तो मैं तुम्हें छोड़कर अलग हो जाऊँ।

हीरा ने कहा—बहुत मार पड़ेगी। लोग समझ जाएँगे, यह तुम्हारी शरारत है।

मोती गर्व से बोला—जिस अपराध के लिए तुम्हारे गले में बन्धन पड़ा, उसके लिए अगर मुझ पर मार पड़े, तो क्या चिन्ता। इतना तो हो ही गया कि नौ-दस प्राणियों की जान बच गई। वे सब तो आशीर्वाद देंगे।

यह कहते हुए मोती ने दोनों गधों को सींगों से मार-मारकर बाड़े के बाहर निकाला और तब अपने बन्धु के पास आकर सो रहा।

भोर होते ही मुंशी और चौकीदार तथा अन्य कर्मचारियों में कैसी खलबली मची, इसके लिखने की ज़रूरत नहीं। बस, इतना ही काफ़ी

है कि मोती की ख़ूब मरम्मत हुई और उसे भी मोटी रस्सी से बाँध दिया गया।

5

एक सप्ताह तक दोनों मित्र वहाँ बँधे पड़े रहे। किसी ने चारे का एक तृण भी न डाला। हाँ, एक बार पानी दिखा दिया जाता था। यही उनका आधार था। दोनों इतने दुर्बल हो गए थे कि उठा तक न जाता था; ठठरियाँ निकल आई थीं।

एक दिन बाड़े के सामने डुग्गी बजने लगी और दोपहर होते-होते वहाँ पचास-साठ आदमी जमा हो गए। तब दोनों मित्र निकाले गए और उनकी देखभाल होने लगी। लोग आ-आकर उनकी सूरत देखते और मन फीका करके चले जाते। ऐसे मृतक बैलों का कौन ख़रीदार होता?

सहसा एक दढ़ियल आदमी, जिसकी आँखें लाल थीं और मुद्रा अत्यन्त कठोर, आया और दोनों मित्रों के कूल्हों में उँगली गोदकर मुंशीजी से बातें करने लगा। उसका चेहरा देखकर अंतर्ज्ञान से दोनों मित्रों के दिल काँप उठे। वह कौन है और उन्हें क्यों टटोल रहा है, इस विषय में उन्हें कोई सन्देह न हुआ। दोनों ने एक-दूसरे को भीत नेत्रों से देखा और सिर झुका लिया।

हीरा ने कहा—गया के घर से नाहक भागे। अब जान न बचेगी।

मोती ने अश्रद्धा के भाव से उत्तर दिया—कहते हैं, भगवान् सबके ऊपर दया करते हैं। उन्हें हमारे ऊपर क्यों दया नहीं आती?

'भगवान् के लिए हमारा मरना-जीना दोनों बराबर है। चलो, अच्छा ही है, कुछ दिन उसके पास तो रहेंगे। एक बार भगवान् ने उस लड़की के रूप में हमें बचाया था। क्या अब न बचाएँगे?'

'यह आदमी छुरी चलाएगा। देख लेना।'

'तो क्या चिन्ता है? मांस, खाल, सींग, हड्डी सब किसी-न-किसी काम आ जाएँगे।'

नीलाम हो जाने के बाद दोनों मित्र उस दढ़ियल के साथ चले। दोनों की बोटी-बोटी काँप रही थी। बेचारे पाँव तक न उठा सकते थे, पर भय

के मारे गिरते-पड़ते भागे जाते थे; क्योंकि वह ज़रा भी चाल धीमी हो जाने पर ज़ोर से डंडा जमा देता था।

राह में गाय-बैलों का एक रेवड़ हरे-हरे हार में चरता नज़र आया। सभी जानवर प्रसन्न थे, चिकने, चपल। कोई उछलता था, कोई आनन्द से बैठा पागुर करता था। कितना सुखी जीवन था इनका; पर कितने स्वार्थी हैं सब। किसी को चिन्ता नहीं कि उनके दो भाई बधिक के हाथ पड़े कैसे दुःखी हैं।

सहसा दोनों को ऐसा मालूम हुआ कि यह परिचित राह है। हाँ, इसी रास्ते से गया उन्हें ले गया था। वही खेत, वही बाग़, वही गाँव मिलने लगे। प्रतिक्षण उनकी चाल तेज़ होने लगी। सारी थकान, सारी दुर्बलता ग़ायब हो गई। आह? यह लो! अपना ही हार आ गया। इसी कुएँ पर हम पुर चलाने आया करते थे; यही कुआँ है।

मोती ने कहा—हमारा घर नगीच आ गया।

हीरा बोला—भगवान् की दया है।

'मैं तो अब घर भागता हूँ।'

'यह जाने देगा?'

'इसे मैं मार गिराता हूँ।'

'नहीं-नहीं, दौड़कर थान पर चलो। वहाँ से हम आगे न जाएँगे।'

दोनों उन्मत्त होकर बछड़ों की भाँति कुलेलें करते हुए घर की ओर दौड़े। वह हमारा थान है। दोनों दौड़कर अपने थान पर आए और खड़े हो गए। दढ़ियल भी पीछे-पीछे दौड़ा चला आता था।

झूरी द्वार पर बैठा धूप खा रहा था। बैलों को देखते ही दौड़ा और उन्हें बारी-बारी से गले लगाने लगा। मित्रों की आँखों से आनन्द के आँसू बहने लगे। एक झूरी का हाथ चाट रहा था।

दढ़ियल ने जाकर बैलों की रस्सियाँ पकड़ लीं।

झूरी ने कहा—मेरे बैल हैं।

'तुम्हारे बैल कैसे? मैं मवेशीखाने से नीलाम लिए आता हूँ।'

'मैं तो समझता हूँ चुराए लिये आते हो! चुपके से चले जाओ। मेरे बैल हैं। मैं बेचूँगा तो बिकेंगे। किसी को मेरे बैल नीलाम करने का क्या अख़्तियार है?'

'जाकर थाने में रपट कर दूँगा।'

'मेरे बैल हैं। इसका सबूत यह है कि मेरे द्वार पर खड़े हैं।'

दढ़ियल झल्लाकर बैलों को ज़बरदस्ती पकड़ ले जाने के लिए बढ़ा। उसी वक़्त मोती ने सींग चलाया। दढ़ियल पीछे हटा। मोती ने पीछा किया। दढ़ियल भागा। मोती पीछे दौड़ा। गाँव के बाहर निकल जाने पर वह रुका; पर खड़ा दढ़ियल का रास्ता देख रहा था। दढ़ियल दूर खड़ा धमकियाँ दे रहा था, गालियाँ निकाल रहा था, पत्थर फेंक रहा था। और मोती विजयी शूर की भाँति उसका रास्ता रोके खड़ा था। गाँव के लोग यह तमाशा देखते थे और हँसते थे।

जब दढ़ियल हारकर चला गया, तो मोती अकड़ता हुआ लौटा।

हीरा ने कहा—मैं डर रहा था कि कहीं तुम ग़ुस्से में आकर मार न बैठो।

'अगर वह मुझे पकड़ता, तो मैं बे-मारे न छोड़ता।'

'अब न आएगा।'

'आएगा तो दूर ही से ख़बर लूँगा। देखूँ, कैसे ले जाता है।'

'जो गोली मरवा दे?'

'मर जाऊँगा; पर उसके काम तो न आऊँगा।'

'हमारी जान को कोई जान ही नहीं समझता।'

'इसीलिए कि हम इतने सीधे हैं।'

ज़रा देर में नाँदों में खली, भूसा, चोकर और दाना भर दिया गया और दोनों मित्र खाने लगे। झूरी खड़ा दोनों को सहला रहा था और बीसों लड़के तमाशा देख रहे थे। सारे गाँव में उछाह-सा मालूम होता था।

उसी समय मालकिन ने आकर दोनों के माथे चूम लिये।

■

सद्गति

दुखी चमार द्वार पर झाड़ू लगा रहा था और उसकी पत्नी झुरिया, घर को गोबर से लीप रही थी। दोनों अपने-अपने काम से फुर्सत पा चुके थे, तो

चमारिन ने कहा—तो जाके पंडित बाबा से कह आओ न। ऐसा न हो कहीं चले जाएँ।

दुखी—हाँ जाता हूँ, लेकिन यह तो सोच, बैठेंगे किस चीज़ पर?

झुरिया—कहीं से खटिया न मिल जाएगी? ठकुराने से माँग लाना।

दुखी—तू तो कभी-कभी ऐसी बात कह देती है कि देह जल जाती है। ठकुरानेवाले मुझे खटिया देंगे! आग तक तो घर से निकलती नहीं, खटिया देंगे! कैथाने में जाकर एक लोटा पानी माँगूँ तो न मिले। भला खटिया कौन देगा! हमारे उपले, सेंठे, भूसा, लकड़ी थोड़े ही हैं कि जो चाहे उठा ले जाएँ। ले अपनी खटोली धोकर रख दे। गरमी के तो दिन हैं। उनके आते-आते सूख जाएगी।

झुरिया—वह हमारी खटोली पर बैठेंगे नहीं। देखते नहीं कितने नेम-धरम से रहते हैं।

दुखी ने ज़रा चिंतित होकर कहा—हाँ, यह बात तो है। महुए के पत्ते तोड़कर एक पत्तल बना लूँ तो ठीक हो जाए। पत्तल में बड़े-बड़े आदमी खाते हैं। वह पवित्तर है। ला तो डंडा, पत्ते तोड़ लूँ।

झुरिया—पत्तल मैं बना लूँगी, तुम जाओ। लेकिन हाँ, उन्हें सीधा भी तो देना होगा। अपनी थाली में रख दूँ?

दुखी—कहीं ऐसा ग़ज़ब न करना, नहीं तो सीधा भी जाए और थाली भी फूटे! बाबा थाली उठाकर पटक देंगे। उनको बड़ी जल्दी बिरोध चढ़ आता है। किरोध में पंडिताइन तक को छोड़ते नहीं, लड़के को ऐसा पीटा कि आज तक टूटा हाथ लिए फिरता है। पत्तल में सीधा भी देना, हाँ। मुदा तू छूना मत। झूरी गोंड़ की लड़की को लेकर साह की दुकान से सब चीज़ें ले आना। सीधा भरपूर हो। सेर भर आटा, आध सेर चावल, पाव भर दाल, आध पाव घी, नोन, हल्दी और पत्तल में एक किनारे चार आने पैसे रख देना। गोंड़ की लड़की न मिले तो भुर्जिन के हाथ-पैर जोड़कर ले जाना। तू कुछ मत छूना, नहीं ग़ज़ब हो जाएगा।

इन बातों की ताकीद करके दुखी ने लकड़ी उठाई और घास का एक बड़ा-सा गट्ठा लेकर पंडितजी से अर्ज करने चला। ख़ाली हाथ बाबाजी की सेवा में कैसे जाता। नज़राने के लिए उसके पास घास के सिवाय और क्या था। उसे ख़ाली देखकर तो बाबा दूर ही से दुत्कारते।

2

पं. घासीराम ईश्वर के परम भक्त थे। नींद खुलते ही ईशोपासन में लग जाते। मुँह-हाथ धोते आठ बजते, तब असली पूजा शुरू होती, जिसका पहला भाग भंग की तैयारी था। उसके बाद आध घंटे तक चन्दन रगड़ते, फिर आईने के सामने एक तिनके से माथे पर तिलक लगाते। चन्दन की दो रेखाओं के बीच में लाल रोरी की बिन्दी होती थी। फिर छाती पर, बाहों पर चन्दन की गोल-गोल मुद्रिकाएँ बनाते। फिर ठाकुरजी की मूर्ति निकालकर उसे नहलाते, चन्दन लगाते, फूल चढ़ाते, आरती करते, घंटी बजाते। दस बजते-बजते वह पूजन से उठते और भंग छानकर बाहर आते। तब तक दो-चार जजमान द्वार पर आ जाते! ईशोपासन का तत्काल फल मिल जाता। वही उनकी खेती थी।

आज वह पूजन-गृह से निकले, तो देखा दुखी चमार घास का एक गट्ठा लिए बैठा है। दुखी उन्हें देखते ही उठ खड़ा हुआ और उन्हें साष्टांग दंडवत् करके हाथ बाँधकर खड़ा हो गया। यह तेज़स्वी मूर्ति देखकर उसका हृदय श्रद्धा से परिपूर्ण हो गया! कितनी दिव्य मूर्ति थी। छोटा-सा गोल-मटोल आदमी, चिकना सिर, फूले गाल, ब्रह्मतेज से प्रदीप्त आँखें। रोरी और चंदन देवताओं की प्रतिभा प्रदान कर रही थी। दुखी को देखकर श्रीमुख से बोले—आज कैसे चला रे दुखिया?

दुखी ने सिर झुकाकर कहा—बिटिया की सगाई कर रहा हूँ महाराज। कुछ साइत-सगुन विचारना है। कब मर्ज़ी होगी?

घासी—आज मुझे छुट्टी नहीं। हाँ साँझ तक आ जाऊँगा।

दुखी—नहीं महाराज, जल्दी मर्ज़ी हो जाए। सब सामान ठीक कर आया हूँ। यह घास कहाँ रख दूँ?

घासी—इस गाय के सामने डाल दे और ज़रा झाड़ू लेकर द्वार तो साफ़ कर दे। यह बैठक भी कई दिन से लीपी नहीं गई। उसे भी गोबर से लीप दे। तब तक मैं भोजन कर लूँ। फिर ज़रा आराम करके चलूँगा। हाँ, यह लकड़ी भी चीर देना। खलिहान में चार खाँची भूसा पड़ा है। उसे भी उठा लाना और भुसौली में रख देना।

दुखी फ़ौरन हुक्म की तामील करने लगा। द्वार पर झाड़ू लगाई, बैठक को गोबर से लीपा। तब बारह बज गए। पंडितजी भोजन करने चले गए। दुखी ने सुबह से कुछ नहीं खाया था। उसे भी ज़ोर की भूख लगी; पर वहाँ खाने को क्या धरा था। घर यहाँ से मील भर था। वहाँ खाने चला जाए, तो पंडितजी बिगड़ जाएँ। बेचारे ने भूख दबाई और लकड़ी फाड़ने लगा। लकड़ी की मोटी-सी गाँठ थी; जिस पर पहले कितने ही भक्तों ने अपना ज़ोर आजमा लिया था। वह उसी दम-खम के साथ लोहे से लोहा लेने के लिए तैयार थी। दुखी घास छीलकर बाज़ार ले जाता था। लकड़ी चीरने का उसे अभ्यास न था। घास उसके खुरपे के सामने सिर झुका देती थी। यहाँ कस-कसकर कुल्हाड़ी का भरपूर हाथ लगाता; पर उस गाँठ पर निशान तक न पड़ता था। कुल्हाड़ी उचट जाती। पसीने में तर था, हाँफता था, थककर बैठ जाता था, फिर उठता था। हाथ उठाए न उठते थे, पाँव काँप रहे थे, कमर न सीधी होती थी, आँखों तले अँधेरा हो रहा था, सिर में चक्कर आ रहे थे, तितलियाँ उड़ रही थीं, फिर भी अपना काम किए जाता था। अगर एक चिलम तम्बाकू पीने को मिल जाती, तो शायद कुछ ताक़त आती। उसने सोचा, यहाँ चिलम और तम्बाकू कहाँ मिलेगी। बाह्मनों का पूरा है। बाह्मन लोग हम नीच जातों की तरह तम्बाकू थोड़े ही पीते हैं। सहसा उसे याद आया कि गाँव में एक गोंड़ भी रहता है। उसके यहाँ ज़रूर चिलम-तमाखू होगी। तुरत उसके घर दौड़ा। ख़ैर मेहनत सुफल हुई। उसने तमाखू भी दी और चिलम भी दी; पर आग वहाँ न थी। दुखी ने कहा—आग की चिन्ता न करो भाई। मैं जाता हूँ, पंडितजी के घर से आग माँग लूँगा। वहाँ तो अभी रसोई बन रही थी।

यह कहता हुआ वह दोनों चीज़ें लेकर चला आया और पंडितजी के घर में बरौठे के द्वार पर खड़ा होकर बोला—मालिक, रचिके आग मिल जाए, तो चिलम पी लें।

पंडितजी भोजन कर रहे थे। पंडिताइन ने पूछा—यह कौन आदमी आग माँग रहा है?

पंडित—अरे वही ससुरा दुखिया चमार है। कहा है थोड़ी-सी लकड़ी चीर दे। आग तो है, दे दो।

पंडिताइन ने भँवें चढ़ाकर कहा—तुम्हें तो जैसे पोथी-पत्रे के फेर में धरम-करम किसी बात की सुधि ही नहीं रही। चमार हो, धोबी हो, पासी हो, मुँह उठाए घर में चला आए। हिन्दू का घर न हुआ, कोई सराय हुई। कह दो दाढ़ीजार से चला जाए, नहीं तो इस लुआठे से मुँह झुलस दूँगी। आग माँगने चले हैं।

पंडितजी ने उन्हें समझाकर कहा—भीतर आ गया, तो क्या हुआ। तुम्हारी कोई चीज़ तो नहीं छुई। धरती पवित्र है। ज़रा-सी आग दे क्यों नहीं देती, काम तो हमारा ही कर रहा है। कोई लोनिया यही लकड़ी फाड़ता, तो कम-से-कम चार आने लेता।

पंडिताइन ने ग़रज़कर कहा—वह घर में आया क्यों!

पंडित ने हारकर कहा—ससुरे का अभाग था और क्या!

पंडिताइन—अच्छा, इस बखत तो आग दिए देती हूँ, लेकिन फिर जो इस तरह घर में आएगा, तो उसका मुँह ही जला दूँगी।

दुखी के कानों में इन बातों की भनक पड़ रही थी। पछता रहा था, नाहक आया। सच तो कहती हैं। पंडित के घर में चमार कैसे चला आए। बड़े पवित्तर होते हैं यह लोग, तभी तो संसार पूजता है, तभी तो इतना मान है। भर-चमार थोड़े ही हैं। इसी गाँव में बूढ़ा हो गया; मगर मुझे इतनी अकल भी न आई।

इसलिए जब पंडिताइन आग लेकर निकलीं, तो वह मानो स्वर्ग का वरदान पा गया। दोनों हाथ जोड़कर ज़मीन पर माथा टेकता हुआ बोला—पड़ाइन माता, मुझसे बड़ी भूल हुई कि घर में चला आया। चमार की अकल ही तो ठहरी। इतने मूरख न होते, तो लात क्यों खाते। पंडिताइन चिमटे से पकड़कर आग लाई थीं। पाँच हाथ की दूरी से घूँघट की आड़ से दुखी की तरफ़ आग फेंकी। आग की बड़ी-सी चिनगारी दुखी के सिर पर पड़ गई। जल्दी से पीछे हटकर सिर के झोटे देने लगा। उसने मन में कहा—यह एक पवित्तर बाह्मन के घर को अपवित्तर करने का फल है। भगवान ने कितनी जल्दी फल दे दिया। इसी से तो संसार पंडितों से डरता है। और सबके रुपए मारे जाते हैं बाह्मन के रुपए भला कोई मार तो ले! घर भर का सत्यानाश हो जाए, पाँव गल-गलकर गिरने लगे।

बाहर आकर उसने चिलम पी और फिर कुल्हाड़ी लेकर जुट गया। खट-खट की आवाज़ें आने लगीं।

उस पर आग पड़ गई, तो पंडिताइन को उस पर कुछ दया आ गई। पंडितजी भोजन करके उठे, तो बोलीं—इस चमरवा को भी कुछ खाने को दे दो, बेचारा कब से काम कर रहा है। भूखा होगा।

पंडितजी ने इस प्रस्ताव को व्यावहारिक क्षेत्र से दूर समझकर पूछा—रोटियाँ हैं?

पंडिताइन—दो-चार बच जाएँगी।

पंडित—दो-चार रोटियों में क्या होगा? चमार है, कम से कम सेर भर चढ़ा जाएगा।

पंडिताइन कानों पर हाथ रखकर बोलीं—अरे बाप रे! सेर भर! तो फिर रहने दो।

पंडितजी ने अब शेर बनकर कहा—कुछ भूसी-चोकर हो तो आटे में मिलाकर दो ठो लिट्टा ठोंक दो। साले का पेट भर जाएगा। पतली रोटियों से इन नीचों का पेट नहीं भरता। इन्हें तो जुआर का लिट्टा चाहिए।

पंडिताइन ने कहा—अब जाने भी दो, धूप में कौन मरे।

3

दुखी ने चिलम पीकर फिर कुल्हाड़ी सँभाली। दम लेने से ज़रा हाथों में ताक़त आ गई थी। कोई आध घंटे तक फिर कुल्हाड़ी चलाता रहा। फिर बेदम होकर वहीं सिर पकड़ के बैठ गया।

इतने में वही गोंड़ आ गया। बोला—क्यों जान देते हो बूढ़े दादा, तुम्हारे फाड़े यह गाँठ न फटेगी। नाहक हलाकान होते हो।

दुखी ने माथे का पसीना पोंछकर कहा—अभी गाड़ी भर भूसा ढोना है भाई!

गोंड़—कुछ खाने को मिला कि काम ही कराना जानते हैं। जाके माँगते क्यों नहीं?

दुखी—कैसी बात करते हो चिखुरी, बाह्मन की रोटी हमको पचेगी!

गोंड़—पचने को पच जाएगी, पहले मिले तो। मूँछों पर ताव देकर भोजन किया और आराम से सोए, तुम्हें लकड़ी फाड़ने का हुक्म लगा दिया। ज़मींदार भी कुछ खाने को देता है। हाकिम भी बेगार लेता है, तो थोड़ी बहुत मजूरी देता है। यह उनसे भी बढ़ गए, उस पर धर्मात्मा बनते हैं।

दुखी—धीरे-धीरे बोलो भाई, कहीं सुन लें तो आफ़त आ जाए।

यह कहकर दुखी फिर सँभल पड़ा और कुल्हाड़ी की चोट मारने लगा। चिखुरी को उस पर दया आई। आकर कुल्हाड़ी उसके हाथ से छीन ली और कोई आध घंटे ख़ूब कस-कसकर कुल्हाड़ी चलाई; पर गाँठ में एक दरार भी न पड़ी। तब उसने कुल्हाड़ी फेंक दी और यह कहकर चला गया—तुम्हारे फाड़े यह न फटेगी, जान भले निकल जाए।

दुखी सोचने लगा, बाबा ने यह गाँठ कहाँ रख छोड़ी थी कि फाड़े नहीं फटती। कहीं दरार तक तो नहीं पड़ती। मैं कब तक इसे चीरता रहूँगा। अभी घर पर सौ काम पड़े हैं। कार-परोजन का घर है, एक-न-एक चीज़ घटी ही रहती है; पर इन्हें इसकी क्या चिन्ता। चलूँ जब तक भूसा ही उठा लाऊँ। कह दूँगा, बाबा, आज तो लकड़ी नहीं फटी, कल आकर फाड़ दूँगा।

उसने झौवा उठाया और भूसा ढोने लगा। खलिहान यहाँ से दो फरलांग से कम न था। अगर झौवा ख़ूब भर-भर कर लाता तो काम जल्द ख़त्म हो जाता; फिर झौवे को उठाता कौन। अकेले भरा हुआ झौवा उससे न उठ सकता था। इसलिए थोड़ा-थोड़ा लाता था। चार बजे कहीं भूसा ख़त्म हुआ। पंडितजी की नींद भी खुली। मुँह-हाथ धोया, पान खाया और बाहर निकले। देखा, तो दुखी झौवा सिर पर रखे सो रहा है। ज़ोर से बोले—अरे, दुखिया तू सो रहा है? लकड़ी तो अभी ज्यों की त्यों पड़ी हुई है। इतनी देर तू करता क्या रहा? मुट्ठी भर भूसा ढोने में संझा कर दी! उस पर सो रहा है। उठा ले कुल्हाड़ी और लकड़ी फाड़ डाल। तुझसे ज़रा-सी लकड़ी नहीं फटती। फिर साइत भी वैसी ही निकलेगी, मुझे दोष मत देना! इसी से कहा है कि नीच के घर में खाने को हुआ और उसकी आँख बदली।

दुखी ने फिर कुल्हाड़ी उठाई। जो बातें पहले से सोच रखी थीं, वह सब भूल गईं। पेट पीठ में धँसा जाता था, आज सबेरे जलपान तक न

किया था। अवकाश ही न मिला। उठना ही पहाड़ मालूम होता था। जी डूबा जाता था, पर दिल को समझाकर उठा। पंडित हैं, कहीं साइत ठीक न विचारें, तो फिर सत्यानाश ही हो जाए। जभी तो संसार में इतना मान है। साइत ही का तो सब खेल है। जिसे चाहे बिगाड़ दें। पंडितजी गाँठ के पास आकर खड़े हो गए और बढ़ावा देने लगे—हाँ, मार कसके, और मार—कसके मार—अबे ज़ोर से मार—तेरे हाथ में तो जैसे दम ही नहीं है—लगा कसके, खड़ा सोचने क्या लगता है—हाँ—बस फटा ही चाहती है! दे उसी दरार में!

दुखी अपने होश में न था। न-जाने कौन-सी गुप्तशक्ति उसके हाथों को चला रही थी। वह थकान, भूख, कमज़ोरी सब मानो भाग गई। उसे अपने बाहुबल पर स्वयं आश्चर्य हो रहा था। एक-एक चोट वज्र की तरह पड़ती थी। आध घंटे तक वह इसी उन्माद की दशा में हाथ चलाता रहा, यहाँ तक कि लकड़ी बीच से फट गई—और दुखी के हाथ से कुल्हाड़ी छूटकर गिर पड़ी। इसके साथ वह भी चक्कर खाकर गिर पड़ा। भूखा, प्यासा, थका हुआ शरीर जवाब दे गया।

पंडितजी ने पुकारा—उठके दो-चार हाथ और लगा दे। पतली-पतली चैलियाँ हो जाएँ। दुखी न उठा। पंडितजी ने अब उसे दिक करना उचित न समझा। भीतर जाकर बूटी छानी, शौच गए, स्नान किया और पंडिताई बाना पहनकर बाहर निकले! दुखी अभी तक वहीं पड़ा हुआ था। ज़ोर से पुकारा—अरे क्या पड़े ही रहोगे दुखी, चलो तुम्हारे ही घर चल रहा हूँ। सब सामान ठीक-ठीक है न? दुखी फिर भी न उठा।

अब पंडितजी को कुछ शंका हुई। पास जाकर देखा, तो दुखी अकड़ा पड़ा हुआ था। बदहवास होकर भागे और पंडिताइन से बोले—दुखिया तो जैसे मर गया।

पंडिताइन हकबकाकर बोलीं—वह तो अभी लकड़ी चीर रहा था न?

पंडित—हाँ लकड़ी चीरते-चीरते मर गया। अब क्या होगा?

पंडिताइन ने शान्त होकर कहा—होगा क्या, चमरौने में कहला भेजो मुर्दा उठा ले जाएँ।

एक क्षण में गाँव भर में ख़बर हो गई। पूरे में ब्राह्मनों की ही बस्ती थी। केवल एक घर गोंड़ का था। लोगों ने इधर का रास्ता छोड़ दिया। कुएँ का रास्ता उधर ही से था, पानी कैसे भरा जाए! चमार की लाश के पास से होकर पानी भरने कौन जाए। एक बुढ़िया ने पंडितजी से कहा—अब मुर्दा फेंकवाते क्यों नहीं? कोई गाँव में पानी पीएगा या नहीं।

इधर गोंड़ ने चमरौने में जाकर सबसे कह दिया—ख़बरदार, मुर्दा उठाने मत जाना। अभी पुलिस की तहकीकात होगी। दिल्लगी है कि एक ग़रीब की जान ले ली। पंडितजी होंगे, तो अपने घर के होंगे। लाश उठाओगे तो तुम भी पकड़ जाओगे।

इसके बाद ही पंडितजी पहुँचे; पर चमरौने का कोई आदमी लाश उठा लाने को तैयार न हुआ, हाँ दुखी की स्त्री और कन्या दोनों हाय-हाय करती वहाँ चलीं और पंडितजी के द्वार पर आकर सिर पीट-पीटकर रोने लगीं। उनके साथ दस-पाँच और चमारिनें थीं। कोई रोती थी, कोई समझाती थी, पर चमार एक भी न था। पंडितजी ने चमारों को बहुत धमकाया, समझाया, मिन्नत की; पर चमारों के दिल पर पुलिस का रोब छाया हुआ था, एक भी न मिनका। आख़िर निराश होकर लौट आए।

4

आधी रात तक रोना-पीटना जारी रहा। देवताओं का सोना मुश्किल हो गया। पर लाश उठाने कोई चमार न आया और ब्राह्मन चमार की लाश कैसे उठाते! भला ऐसा किसी शास्त्र-पुराण में लिखा है? कहीं कोई दिखा दे।

पंडिताइन ने झुँझलाकर कहा—इन डाइनों ने तो खोपड़ी चाट डाली। सभों का गला भी नहीं पकता।

पंडित ने कहा—रोने दो चुड़ैलों को, कब तक रोएँगी। जीता था, तो कोई बात न पूछता था। मर गया, तो कोलाहल मचाने के लिए सब की सब आ पहुँचीं।

पंडिताइन—चमार का रोना मनहूस है।

पंडित—हाँ, बहुत मनहूस।

पंडिताइन—अभी से दुर्गंध उठने लगी।

पंडित—चमार था ससुरा कि नहीं। साध-असाध किसी का विचार है इन सबों को।

पंडिताइन—इन सबों को घिन भी नहीं लगती।

पंडित—भ्रष्ट हैं सब।

रात तो किसी तरह कटी; मगर सबेरे भी कोई चमार न आया। चमारिनें भी रो-पीटकर चली गईं। दुर्गंध कुछ-कुछ फैलने लगी।

पंडितजी ने एक रस्सी निकाली। उसका फन्दा बनाकर मुरदे के पैर में डाला और फन्दे को खींचकर कस दिया। अभी कुछ-कुछ धुँधलका था। पंडितजी ने रस्सी पकड़कर लाश को घसीटना शुरू किया और गाँव के बाहर घसीट ले गए। वहाँ से आकर तुरन्त स्नान किया, दुर्गापाठ पढ़ा और घर में गंगाजल छिड़का।

उधर दुखी की लाश को खेत में गीदड़ और गिद्ध, कुत्ते और कौए नोच रहे थे। यही जीवन-पर्यन्त की भक्ति, सेवा और निष्ठा का पुरस्कार था।

■

पंच-परमेश्वर

जुम्मन शेख़ और अलगू चौधरी में गाढ़ी मित्रता थी। साझे में खेती होती थी। कुछ लेन-देन में भी साझा था। एक को दूसरे पर अटल विश्वास था। जुम्मन जब हज करने गए थे, तब अपना घर अलगू को सौंप गए थे, और अलगू जब कभी बाहर जाते, तो जुम्मन पर अपना घर छोड़ देते थे। उनमें न खान-पान का व्यवहार था, न धर्म का नाता; केवल विचार मिलते थे। मित्रता का मूलमंत्र भी यही है।

इस मित्रता का जन्म उसी समय हुआ, जब दोनों मित्र बालक ही थे; और जुम्मन के पूज्य पिता, जुमराती, उन्हें शिक्षा प्रदान करते थे।

अलगू ने गुरु जी की बहुत सेवा की थी, ख़ूब रकाबियाँ माँजी, ख़ूब प्याले धोए। उनका हुक़्क़ा एक क्षण के लिए भी विश्राम न लेने पाता था; क्योंकि प्रत्येक चिलम अलगू को आध घंटे तक किताबों से अलग कर देती थी। अलगू के पिता पुराने विचारों के मनुष्य थे। उन्हें शिक्षा की अपेक्षा गुरु की सेवा-शुश्रूषा पर अधिक विश्वास था। वह कहते थे कि विद्या पढ़ने से नहीं आती; जो कुछ होता है, गुरु के आशीर्वाद से। बस, गुरु जी की कृपा-दृष्टि चाहिए। अतएव यदि अलगू पर जुमराती शेख़ के आशीर्वाद अथवा सत्संग का कुछ फल न हुआ, तो यह मानकर सन्तोष कर लेगा कि विद्योपार्जन में उसने यथाशक्ति कोई बात उठा नहीं रखी, विद्या उसके भाग्य ही में न थी, तो कैसे आती?

मगर जुमराती शेख़ स्वयं आशीर्वाद के कायल न थे। उन्हें अपने सोटे पर अधिक भरोसा था, और उसी सोटे के प्रताप से आज आस-पास के गाँवों में जुम्मन की पूजा होती थी। उनके लिखे हुए रेहननामे या बैनामे पर कचहरी का मुहर्रिर भी क़लम न उठा सकता था। हल्के का डाकिया, कांस्टेबिल और तहसील का चपरासी—सब उनकी कृपा की आकांक्षा रखते थे। अतएव अलगू का मान उनके धन के कारण था, तो जुम्मन शेख़ अपनी अनमोल विद्या से ही सबके आदरपात्र बने थे।

2

जुम्मन शेख़ की एक बूढ़ी खाला (मौसी) थी। उसके पास कुछ थोड़ी-सी मिलकियत थी; परन्तु उसके निकट सम्बन्धियों में कोई न था। जुम्मन ने लम्बे-चौड़े वादे करके वह मिलकियत अपने नाम लिखवा ली थी। जब तक दानपत्र की रजिस्ट्री न हुई थी, तब तक खालाजान का ख़ूब आदर-सत्कार किया गया। उन्हें ख़ूब स्वादिष्ट पदार्थ खिलाए गए। हलवे-पुलाव की वर्षा-सी की गई; पर रजिस्ट्री की मोहर ने इन ख़ातिरदारियों पर भी मानो मुहर लगा दी। जुम्मन की पत्नी करीमन रोटियों के साथ कड़वी बातों के कुछ तेज़, तीखे सालन भी देने लगी। जुम्मन शेख़ भी निठुर हो गए। अब बेचारी खालाजान को प्रायः नित्य ही ऐसी बातें सुननी पड़ती थीं।

बुढ़िया न जाने कब तक जिएगी। दो-तीन बीघे ऊसर क्या दे दिया, मानो मोल ले लिया है! बघारी दाल के बिना रोटियाँ नहीं उतरतीं! जितना रुपया इसके पेट में झोंक चुके, उतने से तो अब तक गाँव मोल ले लेते।

कुछ दिन खालाजान ने सुना और सहा; पर जब न सहा गया तब जुम्मन से शिकायत की। जुम्मन ने स्थानीय कर्मचारी—गृहस्वामी—के प्रबन्ध में दख़ल देना उचित न समझा। कुछ दिन तक और यों ही रो-धोकर काम चलता रहा। अन्त में एक दिन खाला ने जुम्मन से कहा—बेटा! तुम्हारे साथ मेरा निर्वाह न होगा। तुम मुझे रुपए दे दिया करो, मैं अपना पका-खा लूँगी।

जुम्मन ने धृष्टता के साथ उत्तर दिया—रुपए क्या यहाँ फलते हैं?

खाला ने नम्रता से कहा—मुझे कुछ रूखा-सूखा चाहिए भी कि नहीं?

जुम्मन ने गम्भीर स्वर से जवाब दिया—तो कोई यह थोड़े ही समझा था कि तुम मौत से लड़कर आई हो?

खाला बिगड़ गईं, उन्होंने पंचायत करने की धमकी दी। जुम्मन हँसे, जिस तरह कोई शिकारी हिरन को जाल की तरफ़ जाते देखकर मन ही मन हँसता है। वह बोले—हाँ, ज़रूर पंचायत करो। फ़ैसला हो जाए। मुझे भी यह रात-दिन की खटखट पसन्द नहीं।

पंचायत में किसकी जीत होगी, इस विषय में जुम्मन को कुछ भी सन्देह न था। आस-पास के गाँवों में ऐसा कौन था, जो उसके अनुग्रहों का ऋणी न हो; ऐसा कौन था, जो उसको शत्रु बनाने का साहस कर सके? किसमें इतना बल था, जो उसका सामना कर सके? आसमान के फरिश्ते तो पंचायत करने आवेंगे नहीं।

3

इसके बाद कई दिन तक बूढ़ी खाला हाथ में एक लकड़ी लिए आस-पास के गाँवों में दौड़ती रहीं। कमर झुककर कमान हो गई थी। एक-एक पग चलना दूभर था; मगर बात आ पड़ी थी। उसका निर्णय करना ज़रूरी था।

बिरला ही कोई भला आदमी होगा, जिसके सामने बुढ़िया ने दुःख के आँसू न बहाए हों। किसी ने तो यों ही ऊपरी मन से हूँ-हाँ करके टाल

दिया, और किसी ने इस अन्याय पर ज़माने को गालियाँ दीं! कहा—क़ब्र में पाँव लटके हुए हैं, आज मरे कल दूसरा दिन; पर हवस नहीं मानती। अब तुम्हें क्या चाहिए? रोटी खाओ और अल्लाह का नाम लो। तुम्हें अब खेती-बारी से क्या काम है? कुछ ऐसे सज्जन भी थे, जिन्हें हास्य-रस के रसास्वादन का अच्छा अवसर मिला। झुकी हुई कमर, पोपला मुँह, सन के-से बाल—इतनी सामग्री एकत्र हों, तब हँसी क्यों न आवे? ऐसे न्यायप्रिय, दयालु, दीन-वत्सल पुरुष बहुत कम थे, जिन्होंने उस अबला के दुखड़े को ग़ौर से सुना हो और उसको सांत्वना दी हो। चारों ओर से घूम-घाम कर बेचारी अलगू चौधरी के पास आई। लाठी पटक दी और दम लेकर बोली—बेटा, तुम भी दम भर के लिए मेरी पंचायत में चले आना।

अलगू—मुझे बुलाकर क्या करोगी? कई गाँव के आदमी तो आवेंगे ही।

खाला—अपनी विपद तो सबके आगे रो आई। अब आने-न-आने का अख़्तियार उनको है।

अलगू—यों आने को आ जाऊँगा; मगर पंचायत में मुँह न खोलूँगा।

खाला—क्यों बेटा?

अलगू—अब इसका क्या जवाब दूँ? अपनी ख़ुशी। जुम्मन मेरा पुराना मित्र है। उससे बिगाड़ नहीं कर सकता।

खाला—बेटा, क्या बिगाड़ के डर से ईमान की बात न कहोगे?

हमारे सोए हुए धर्म-ज्ञान की सारी सम्पत्ति लुट जाए, तो उसे ख़बर नहीं होती, परन्तु ललकार सुनकर वह सचेत हो जाता है। फिर उसे कोई जीत नहीं सकता। अलगू इस सवाल का कोई उत्तर न दे सका, पर उसके हृदय में ये शब्द गूँज रहे थे—क्या बिगाड़ के डर से ईमान की बात न कहोगे?

4

संध्या समय एक पेड़ के नीचे पंचायत बैठी। शेख़ जुम्मन ने पहले से ही फ़र्श बिछा रखा था। उन्होंने पान, इलायची, हुक़्क़े-तम्बाकू आदि का प्रबन्ध भी किया था। हाँ, वह स्वयं अलबत्ता अलगू चौधरी के साथ ज़रा दूर पर बैठे हुए थे। जब पंचायत में कोई आ जाता था, तब दबे हुए सलाम से उसका

स्वागत करते थे। जब सूर्य अस्त हो गया और चिड़ियों की कलरवयुक्त पंचायत पेड़ों पर बैठी, तब यहाँ भी पंचायत शुरू हुई। फ़र्श की एक-एक अंगुल ज़मीन भर गई; पर अधिकांश दर्शक ही थे। निमंत्रित महाशयों में से केवल वे ही लोग पधारे थे, जिन्हें जुम्मन से अपनी कुछ कसर निकालनी थी। एक कोने में आग सुलग रही थी। नाई ताबड़तोड़ चिलम भर रहा था। यह निर्णय करना असम्भव था कि सुलगते हुए उपलों से अधिक धुआँ निकलता था या चिलम के दमों से। लड़के इधर-उधर दौड़ रहे थे। कोई आपस में गाली-गलौज करते और कोई रोते थे। चारों तरफ़ कोलाहल मच रहा था। गाँव के कुत्ते इस जमाव को भोज समझकर झुँड के झुँड जमा हो गए थे।

पंच लोग बैठ गए, तो बूढ़ी खाला ने उनसे विनती की—

'पंचो, आज तीन साल हुए, मैंने अपनी सारी जायदाद अपने भानजे जुम्मन के नाम लिख दी थी। इसे आप लोग जानते ही होंगे। जुम्मन ने मुझे ता-हयात रोटी-कपड़ा देना कबूल किया। साल भर तो मैंने इसके साथ रो-धोकर काटा। पर अब रात-दिन का रोना नहीं सहा जाता। मुझे न पेट की रोटी मिलती है न तन का कपड़ा। बेकस बेवा हूँ। कचहरी-दरबार नहीं कर सकती। तुम्हारे सिवा और किसको अपना दुःख सुनाऊँ? तुम लोग जो राह निकाल दो, उसी राह पर चलूँ। अगर मुझमें कोई ऐब देखो, तो मेरे मुँह पर थप्पड़ मारो। जुम्मन में बुराई देखो, तो उसे समझाओ, क्यों एक बेकस की आह लेता है! मैं पंचों का हुक्म सिर-माथे पर चढ़ाऊँगी।'

रामधन मिश्र, जिनके कई असामियों को जुम्मन ने अपने गाँव में बसा लिया था, बोले—जुम्मन मियाँ, किसे पंच बदते हो? अभी से इसका निपटारा कर लो। फिर जो कुछ पंच कहेंगे, वही मानना पड़ेगा।

जुम्मन को इस समय सदस्यों में विशेषकर वे ही लोग दीख पड़े, जिनसे किसी न किसी कारण उनका वैमनस्य था। जुम्मन बोले—पंचों का हुक्म अल्लाह का हुक्म है। खालाजान जिसे चाहें, उसे बदें। मुझे कोई उज्र नहीं।

खाला ने चिल्लाकर कहा—अरे अल्लाह के बन्दे! पंचों का नाम क्यों नहीं बता देता? कुछ मुझे भी तो मालूम हो।

जुम्मन ने क्रोध से कहा—अब इस वक़्त मेरा मुँह न खुलवाओ। तुम्हारी बन पड़ी है, जिसे चाहो, पंच बदो।

खालाजान जुम्मन के आक्षेप को समझ गईं, वह बोलीं—बेटा, ख़ुदा से डरो, पंच न किसी के दोस्त होते हैं, न किसी के दुश्मन। कैसी बात कहते हो! और तुम्हारा किसी पर विश्वास न हो, तो जाने दो; अलगू चौधरी को तो मानते हो? लो, मैं उन्हीं को सरपंच बदती हूँ।

जुम्मन शेख़ आनन्द से फूल उठे, परन्तु भावों को छिपाकर बोले—अलगू ही सही, मेरे लिए जैसे रामधन वैसे अलगू।

अलगू इस झमेले में फँसना नहीं चाहते थे। वे कन्नी काटने लगे। बोले—खाला, तुम जानती हो कि मेरी जुम्मन से गाढ़ी दोस्ती है।

खाला ने गम्भीर स्वर में कहा—बेटा, दोस्ती के लिए कोई अपना ईमान नहीं बेचता। पंच के दिल में ख़ुदा बसता है। पंचों के मुँह से जो बात निकलती है, वह ख़ुदा की तरफ़ से निकलती है।

अलगू चौधरी सरपंच हुए। रामधन मिश्र और जुम्मन के दूसरे विरोधियों ने बुढ़िया को मन में बहुत कोसा।

अलगू चौधरी बोले—शेख़ जुम्मन! हम और तुम पुराने दोस्त हैं! जब काम पड़ा, तुमने हमारी मदद की है और हम भी जो कुछ बन पड़ा, तुम्हारी सेवा करते रहे हैं; मगर इस समय तुम और बूढ़ी खाला, दोनों हमारी निगाह में बराबर हो। तुमको पंचों से जो कुछ अर्ज करनी हो, करो।

जुम्मन को पूरा विश्वास था कि अब बाज़ी मेरी है। अलगू यह सब दिखावे की बातें कर रहा है। अतएव शान्त-चित्त होकर बोले—पंचो, तीन साल हुए खालाजान ने अपनी जायदाद मेरे नाम हिब्बा कर दी थी। मैंने उन्हें ता-हयात खाना-कपड़ा देना कबूल किया था। ख़ुदा गवाह है, आज तक मैंने खालाजान को कोई तकलीफ़ नहीं दी। मैं उन्हें अपनी माँ के समान समझता हूँ। उनकी खिदमत करना मेरा फ़र्ज़ है; मगर औरतों में ज़रा अनबन रहती है, उसमें मेरा क्या बस है? खालाजान मुझसे माहवार ख़र्च अलग माँगती हैं। जायदाद जितनी है, वह पंचों से छिपी नहीं। उससे इतना मुनाफा नहीं होता है कि माहवार ख़र्च दे सकूँ। इसके अलावा हिब्बानामे में माहवार ख़र्च का कोई ज़िक्र नहीं। नहीं तो मैं भूलकर भी इस झमेले में न पड़ता। बस, मुझे यही कहना है। आइंदा पंचों का अख़्तियार है, जो फ़ैसला चाहें, करें।

अलगू चौधरी को हमेशा कचहरी से काम पड़ता था। अतएव वह पूरा क़ानूनी आदमी था। उसने जुम्मन से जिरह शुरू की। एक-एक प्रश्न जुम्मन के हृदय पर हथौड़े की चोट की तरह पड़ता था। रामधन मिश्र इन प्रश्नों पर मुग्ध हुए जाते थे। जुम्मन चकित थे कि अलगू को क्या हो गया। अभी यह अलगू मेरे साथ बैठा हुआ कैसी-कैसी बातें कर रहा था! इतनी ही देर में ऐसी कायापलट हो गई कि मेरी जड़ खोदने पर तुला हुआ है। न मालूम कब की कसर यह निकाल रहा है? क्या इतने दिनों की दोस्ती कुछ भी काम न आवेगी?

जुम्मन शेख़ तो इसी संकल्प-विकल्प में पड़े हुए थे कि इतने में अलगू ने फ़ैसला सुनाया—

जुम्मन शेख़! पंचो ने इस मामले पर विचार किया। उन्हें यह नीति संगत मालूम होता है कि खालाजान को माहवार ख़र्च दिया जाए। हमारा विचार है कि खाला की जायदाद से इतना मुनाफा अवश्य होता है कि माहवार ख़र्च दिया जा सके। बस, यही हमारा फ़ैसला है, अगर जुम्मन को ख़र्च देना मंजूर न हो, तो हिब्बानामा रद्द समझा जाए।

यह फ़ैसला सुनते ही जुम्मन सन्नाटे में आ गए। जो अपना मित्र हो, वह शत्रु का व्यवहार करे और गले पर छुरी फेरे, इसे समय के हेर-फेर के सिवा और क्या कहें? जिस पर पूरा भरोसा था, उसने समय पड़ने पर धोखा दिया। ऐसे ही अवसरों पर झूठे-सच्चे मित्रों की परीक्षा की जाती है। यही कलियुग की दोस्ती है। अगर लोग ऐसे कपटी-धोखेबाज़ न होते, तो देश में आपत्तियों का प्रकोप क्यों होता? यह हैजा-प्लेग आदि व्याधियाँ दुष्कर्मों के ही दंड हैं।

मगर रामधन मिश्र और अन्य पंच अलगू चौधरी की इस नीति-परायणता की प्रशंसा जी खोलकर कर रहे थे। वे कहते थे—इसका नाम पंचायत है! दूध का दूध और पानी का पानी कर दिया। दोस्ती, दोस्ती की जगह है, किन्तु धर्म का पालन करना मुख्य है। ऐसे ही सत्यवादियों के बल पर पृथ्वी ठहरी है, नहीं तो वह कब की रसातल को चली जाती।

इस फ़ैसले ने अलगू और जुम्मन की दोस्ती की जड़ हिला दी। अब वे साथ-साथ बातें करते नहीं दिखाई देते। इतना पुराना मित्रता-रूपी वृक्ष

सत्य का एक झोंका भी न सह सका। सचमुच वह बालू की ही ज़मीन पर खड़ा था।

उनमें अब शिष्टाचार का अधिक व्यवहार होने लगा। एक दूसरे की आवभगत ज़्यादा करने लगा। वे मिलते-जुलते थे, मगर उसी तरह, जैसे तलवार से ढाल मिलती है।

जुम्मन के चित्त में मित्र की कुटिलता आठों पहर खटका करती थी। उसे हर घड़ी यही चिन्ता रहती थी कि किसी तरह बदला लेने का अवसर मिले।

5

अच्छे कामों की सिद्धि में बड़ी देर लगती है; पर बुरे कामों की सिद्धि में यह बात नहीं होती। जुम्मन को भी बदला लेने का अवसर जल्द ही मिल गया। पिछले साल अलगू चौधरी बटेसर से बैलों की एक बहुत अच्छी गोई मोल लाए थे। बैल पछाहीं जाति के सुन्दर, बड़े-बड़े सींगोंवाले थे। महीनों तक आस-पास के गाँव के लोग दर्शन करते रहे। दैवयोग से जुम्मन की पंचायत के एक महीने के बाद इस जोड़ी का एक बैल मर गया। जुम्मन ने दोस्तों से कहा—यह दग़ाबाज़ी की सज़ा है। इनसान सब्र भले ही कर जाए, पर ख़ुदा नेक-बद सब देखता है। अलगू को सन्देह हुआ कि जुम्मन ने बैल को विष दिला दिया है। चौधराइन ने भी जुम्मन पर ही इस दुर्घटना का दोषारोपण किया। उसने कहा—जुम्मन ने कुछ कर-करा दिया है। चौधराइन और करीमन में इस विषय पर एक दिन ख़ूब ही वाद-विवाद हुआ। दोनों देवियों ने शब्द-बाहुल्य की नदी बहा दी। व्यंग्य, वक्रोक्ति, अन्योक्ति और उपमा आदि अलंकारों में बातें हुईं। जुम्मन ने किसी तरह शान्ति स्थापित की। उन्होंने अपनी पत्नी को डाँट-डपट कर समझा दिया। वह उसे उस रणभूमि से हटा भी ले गए। उधर अलगू चौधरी ने समझाने-बुझाने का काम अपने तर्क-पूर्ण सोंटे से लिया।

अब अकेला बैल किस काम का? उसका जोड़ बहुत ढूँढ़ा गया, पर न मिला। निदान यह सलाह ठहरी कि इसे बेच डालना चाहिए। गाँव में एक समझू साहु थे, वह इक्का-गाड़ी हाँकते थे। गाँव के गुड़-घी लाद कर

मंडी ले जाते, मंडी से तेल, नमक भर लाते, और गाँव में बेचते। इस बैल पर उनका मन लहराया। उन्होंने सोचा, यह बैल हाथ लगे तो दिन-भर में बेखटके तीन खेप हों। आजकल तो एक ही खेप में लाले पड़े रहते हैं। बैल देखा, गाड़ी में दौड़ाया, बाल-भौंरी की पहचान कराई, मोल-तोल किया और उसे लाकर द्वार पर बाँध ही दिया। एक महीने में दाम चुकाने का वादा ठहरा। चौधरी को भी ग़रज़ थी ही, घाटे की परवा न की।

समझू साहु ने नया बैल पाया, तो लगे उसे रगेदने। वह दिन में तीन-तीन, चार-चार खेपें करने लगे। न चारे की फ़िक्र थी, न पानी की, बस खेपों से काम था। मंडी ले गए, वहाँ कुछ सूखा भूसा सामने डाल दिया। बेचारा जानवर अभी दम भी न लेने पाया था कि फिर जोत दिया। अलगू चौधरी के घर था तो चैन की बंशी बजती थी। बैलराम छठे-छमाहे कभी बहली में जोते जाते थे। ख़ूब उछलते-कूदते और कोसों तक दौड़ते चले जाते थे। वहाँ बैलराम का रातिब था—साफ़ पानी, दली हुई अरहर की दाल और भूसे के साथ खली, और यही नहीं, कभी-कभी घी का स्वाद भी चखने को मिल जाता था। शाम-सबेरे एक आदमी खरहरे करता, पोंछता और सहलाता था। कहाँ वह सुख-चैन, कहाँ यह आठों पहर की खपत! महीने भर ही में वह पिस-सा गया। इक्के का जुआ देखते ही उसका लहू सूख जाता था। एक-एक पग चलना दूभर था। हड्डियाँ निकल आई थीं; पर था वह पानीदार, मार की बरदाश्त न थी।

एक दिन चौथी खेप में साहु जी ने दूना बोझ लादा। दिन-भर का थका जानवर, पैर न उठते थे। पर साहु जी कोड़े फटकारने लगे। बस, फिर क्या था, बैल कलेजा तोड़कर चला। कुछ दूर दौड़ा और चाहा कि ज़रा दम ले लूँ; पर साहु जी को जल्द पहुँचने की फ़िक्र थी; अतएव उन्होंने कई कोड़े बड़ी निर्दयता से फटकारे। बैल ने एक बार फिर ज़ोर लगाया; पर अबकी बार शक्ति ने जवाब दे दिया। वह धरती पर गिर पड़ा, और ऐसा गिरा कि फिर न उठा। साहु जी ने बहुत पीटा, टाँग पकड़कर खींचा, नथनों में लकड़ी ठूँस दी; पर कहीं मृतक भी उठ सकता है? तब साहु जी को कुछ शक हुआ। उन्होंने बैल को ग़ौर से देखा, खोलकर अलग किया; और सोचने लगे कि गाड़ी कैसे घर पहुँचे। बहुत चीख़े-चिल्लाए; पर देहात का

रास्ता बच्चों की आँख की तरह साँझ होते ही बन्द हो जाता है। कोई नज़र न आया। आस-पास कोई गाँव भी न था। मारे क्रोध के उन्होंने मरे हुए बैल पर और दुर्रे लगाए और कोसने लगे—अभागे। तुझे मरना ही था, तो घर पहुँचकर मरता! ससुरा बीच रास्ते ही में मर रहा! अब गाड़ी कौन खींचे? इस तरह साहु जी ख़ूब जले-भुने। कई बोरे गुड़ और कई पीपे घी उन्होंने बेचे थे, दो-ढाई सौ रुपए कमर में बँधे थे। इसके सिवा गाड़ी पर कई बोरे नमक के थे; अतएव छोड़कर जा भी न सकते थे। लाचार बेचारे गाड़ी पर ही लेट गए। वहीं रतजगा करने की ठान ली। चिलम पी, गाया। फिर हुक़्क़ा पिया। इस तरह साहु जी आधी रात तक नींद को बहलाते रहे। अपनी जान में तो वह जागते ही रहे; पर पौ फटते ही जो नींद टूटी और कमर पर हाथ रखा, तो थैली ग़ायब! घबराकर इधर-उधर देखा, तो कई कनस्तर तेल भी नदारत! अफ़सोस में बेचारे ने सिर पीट लिया और पछाड़ खाने लगा। प्रातःकाल रोते-बिलखते घर पहुँचे। सहुआइन ने जब यह बुरी सुनावनी सुनी, तब पहले तो रोई, फिर अलगू चौधरी को गालियाँ देने लगी—निगोड़े ने ऐसा कुलच्छनी बैल दिया कि जन्म भर की कमाई लुट गई।

इस घटना को हुए कई महीने बीत गए। अलगू जब अपने बैल के दाम माँगते तब साहु और सहुआइन, दोनों ही झल्लाए हुए कुत्ते की तरह चढ़ बैठते और अंड-बंड बकने लगते—वाह! यहाँ तो सारे जन्म की कमाई लुट गई, सत्यानाश हो गया, इन्हें दामों की पड़ी है। मुर्दा बैल दिया था, उस पर दाम माँगने चले हैं! आँखों में धूल झोंक दी, सत्यानाशी बैल गले बाँध दिया, हमें निरा पोंगा ही समझ लिया है! हम भी बनिये के बच्चे हैं, ऐसे बुद्धू कहीं और होंगे। पहले जाकर किसी गड़हे में मुँह धो आओ, तब दाम लेना। न जी मानता हो, तो हमारा बैल खोल ले जाओ। महीना भर के बदले दो महीना जोत लो। और क्या लोगे?

चौधरी के अशुभचिन्तकों की कमी न थी। ऐसे अवसरों पर वे भी एकत्र हो जाते और साहु जी के बर्राने की पुष्टि करते। परन्तु डेढ़ सौ रुपए से इस तरह हाथ धो लेना आसान न था। एक बार वह भी गरम पड़े। साहु जी बिगड़कर लाठी ढूँढ़ने घर में चले गऐ। अब सहुआइन ने मैदान लिया। प्रश्नोत्तर होते-होते हाथापाई की नौबत आ पहुँची। सहुआइन ने घर

में घुसकर किवाड़ बन्द कर लिए। शोरगुल सुनकर गाँव के भलेमानस जमा हो गए। उन्होंने दोनों को समझाया। साहु जी को दिलासा देकर घर से निकाला। वह परामर्श देने लगे कि इस तरह से काम न चलेगा। पंचायत कर लो। जो कुछ तय हो जाए, उसे स्वीकार कर लो। साहु जी राज़ी हो गए। अलगू ने भी हामी भर ली।

६

पंचायत की तैयारियाँ होने लगीं। दोनों पक्षों ने अपने-अपने दल बनाने शुरू किए। इसके बाद तीसरे दिन उसी वृक्ष के नीचे पंचायत बैठी। वही संध्या का समय था। खेतों में कौए पंचायत कर रहे थे। विवादग्रस्त विषय था यह कि मटर की फलियों पर उनका कोई स्वत्व है या नहीं; और जब तक यह प्रश्न हल न हो जाए, तब तक वे रखवाले की पुकार पर अपनी अप्रसन्नता प्रकट करना आवश्यक समझते थे। पेड़ की डालियों पर बैठी शुक-मंडली में यह प्रश्न छिड़ा हुआ था कि मनुष्यों को उन्हें बेमुरौवत कहने का क्या अधिकार है, जब उन्हें स्वयं अपने मित्रों से दग़ा करने में भी संकोच नहीं होता।

पंचायत बैठ गई, तो रामधन मिश्र ने कहा—अब देरी क्या है? पंचों का चुनाव हो जाना चाहिए। बोलो चौधरी; किस-किस को पंच बदते हो।

अलगू ने दीन भाव से कहा—समझू साहु ही चुन लें।

समझू खड़े हुए और कड़क कर बोले—मेरी ओर से जुम्मन शेख़।

जुम्मन का नाम सुनते ही अलगू चौधरी का कलेजा धक्-धक् करने लगा, मानो किसी ने अचानक थप्पड़ मार दिया हो। रामधन अलगू के मित्र थे। वह बात को ताड़ गए। पूछा—क्यों चौधरी तुम्हें कोई उज्र तो नहीं।

चौधरी ने निराश होकर कहा—नहीं, मुझे क्या उज्र होगा?

अपने उत्तरदायित्व का ज्ञान बहुधा हमारे संकुचित व्यवहारों का सुधारक होता है। जब हम राह भूलकर भटकने लगते हैं तब यही ज्ञान हमारा विश्वसनीय पथ-प्रदर्शक बन जाता है।

पत्र-संपादक अपनी शान्ति कुटी में बैठा हुआ कितनी धृष्टता और स्वतंत्रता के साथ अपनी प्रबल लेखनी से मंत्रिमंडल पर आक्रमण करता है; परन्तु ऐसे अवसर आते हैं, जब वह स्वयं मंत्रिमंडल में सम्मिलित होता है। मंडल के भवन में पग धरते ही उसकी लेखनी कितनी मर्मज्ञ, कितनी विचारशील, कितनी न्यायपरायण हो जाती है। इसका कारण उत्तरदायित्व का ज्ञान है। नवयुवक युवावस्था में कितना उद्दंड रहता है। माता-पिता उसकी ओर से कितने चिन्तित रहते हैं! वे उसे कुल-कलंक समझते हैं; परन्तु थोड़े ही समय में परिवार का बोझ सिर पर पड़ते ही वह अव्यवस्थित-चित्त उन्मत्त युवक कितना धैर्यशील, कैसा शान्तचित्त हो जाता है, यह भी उत्तरदायित्व के ज्ञान का फल है।

जुम्मन शेख़ के मन में भी सरपंच का उच्च स्थान ग्रहण करते ही अपनी ज़िम्मेदारी का भाव पैदा हुआ। उसने सोचा, मैं इस वक़्त न्याय और धर्म के सर्वोच्च आसन पर बैठा हूँ। मेरे मुँह से इस समय जो कुछ निकलेगा, वह देववाणी के सदृश है—और देववाणी में मेरे मनोविकारों का कदापि समावेश न होना चाहिए। मुझे सत्य से जौ भर भी टलना उचित नहीं!

पंचों ने दोनों पक्षों से सवाल-जवाब करने शुरू किए। बहुत देर तक दोनों दल अपने-अपने पक्ष का समर्थन करते रहे। इस विषय में तो सब सहमत थे कि समझू को बैल का मूल्य देना चाहिए। परन्तु दो महाशय इस कारण रियायत करना चाहते थे कि बैल के मर जाने से समझू को हानि हुई। इसके प्रतिकूल दो सभ्य मूल के अतिरिक्त समझू को दंड भी देना चाहते थे, जिससे फिर किसी को पशुओं के साथ ऐसी निर्दयता करने का साहस न हो। अन्त में जुम्मन ने फ़ैसला सुनाया—

अलगू चौधरी और समझू साहु! पंचों ने तुम्हारे मामले पर अच्छी तरह विचार किया। समझू को उचित है कि बैल का पूरा दाम दें। जिस वक़्त उन्होंने बैल लिया, उसे कोई बीमारी न थी। अगर उसी समय दाम दे दिए जाते, तो आज समझू उसे फेर लेने का आग्रह न करते। बैल की मृत्यु केवल इस कारण हुई कि उससे बड़ा कठिन परिश्रम लिया गया और उसके दाने-चारे का कोई अच्छा प्रबन्ध न किया गया।

रामधन मिश्र बोले—समझू ने बैल को जान-बूझकर मारा है, अतएव उससे दंड लेना चाहिए।

जुम्मन बोले—यह दूसरा सवाल है! हमको इससे कोई मतलब नहीं!

झगड़ू साहु ने कहा—समझू के साथ कुछ रियायत होनी चाहिए।

जुम्मन बोले—यह अलगू चौधरी की इच्छा पर निर्भर है। यह रियायत करें, तो उनकी भलमनसी।

अलगू चौधरी फूले न समाए। उठ खड़े हुए और ज़ोर से बोले—पंच-परमेश्वर की जय!

इसके साथ ही चारों ओर से प्रतिध्वनि हुई—पंच-परमेश्वर की जय!

प्रत्येक मनुष्य जुम्मन की नीति को सराहता था—इसे कहते हैं न्याय! यह मनुष्य का काम नहीं, पंच में परमेश्वर वास करते हैं, यह उन्हीं की महिमा है। पंच के सामने खोटे को कौन खरा कह सकता है?

थोड़ी देर बाद जुम्मन अलगू के पास आए और उनके गले लिपट कर बोले—भैया, जब से तुमने मेरी पंचायत की तब से मैं तुम्हारा प्राण-घातक शत्रु बन गया था; पर आज मुझे ज्ञात हुआ कि पंच के पद पर बैठकर न कोई किसी का दोस्त होता है, न दुश्मन। न्याय के सिवा उसे और कुछ नहीं सूझता। आज मुझे विश्वास हो गया कि पंच की ज़बान से ख़ुदा बोलता है। अलगू रोने लगे। इस पानी से दोनों के दिलों का मैल धुल गया। मित्रता की मुरझाई हुई लता फिर हरी हो गई।

■

परीक्षा

जब रियासत देवगढ़ के दीवान सरदार सुजानसिंह बूढ़े हुए तो परमात्मा की याद आई। जाकर महाराज से विनय की कि दीनबंधु! दास ने श्रीमान् की सेवा चालीस साल तक की, अब मेरी अवस्था भी ढल गई, राज-काज

सँभालने की शक्ति नहीं रही। कहीं भूल-चूक हो जाए तो बुढ़ापे में दाग़ लगे। सारी ज़िन्दगी की नेकनामी मिट्टी में मिल जाए।

राजा साहब अपने अनुभवशील नीतिकुशल दीवान का बड़ा आदर करते थे। बहुत समझाया, लेकिन जब दीवान साहब ने न माना, तो हार कर उनकी प्रार्थना स्वीकार कर ली; पर शर्त यह लगा दी कि रियासत के लिए नया दीवान आप ही को खोजना पड़ेगा।

दूसरे दिन देश के प्रसिद्ध पत्रों में यह विज्ञापन निकला कि देवगढ़ के लिए एक सुयोग्य दीवान की ज़रूरत है। जो सज्जन अपने को इस पद के योग्य समझें वे वर्तमान सरकार सुजानसिंह की सेवा में उपस्थित हों। यह ज़रूरी नहीं है कि वे ग्रेजुएट हों, मगर हृष्ट-पुष्ट होना आवश्यक है, मंदाग्नि के मरीज को यहाँ तक कष्ट उठाने की कोई ज़रूरत नहीं। एक महीने तक उम्मीदवारों के रहन-सहन, आचार-विचार की देखभाल की जाएगी। विद्या का कम, परन्तु कर्तव्य का अधिक विचार किया जाएगा। जो महाशय इस परीक्षा में पूरे उतरेंगे, वे इस उच्च पद पर सुशोभित होंगे।

2

इस विज्ञापन ने सारे मुल्क में तहलका मचा दिया। ऐसा ऊँचा पद और किसी प्रकार की क़ैद नहीं? केवल नसीब का खेल है। सैकड़ों आदमी अपना-अपना भाग्य परखने के लिए चल खड़े हुए। देवगढ़ में नए-नए और रंग-बिरंगे मनुष्य दिखाई देने लगे। प्रत्येक रेलगाड़ी से उम्मीदवारों का एक मेला-सा उतरता। कोई पंजाब से चला आता था, कोई मद्रास से, कोई नई फैशन का प्रेमी, कोई पुरानी सादगी पर मिटा हुआ। पंडितों और मौलवियों को भी अपने-अपने भाग्य की परीक्षा करने का अवसर मिला। बेचारे सनद के नाम रोया करते थे, यहाँ उसकी कोई ज़रूरत नहीं थी। रंगीन एमामे, चोगे और नाना प्रकार के अंगरखे और कंटोप देवगढ़ में अपनी सज-धज दिखाने लगे। लेकिन सबसे विशेष संख्या ग्रेजुएटों की थी, क्योंकि सनद की क़ैद न होने पर भी सनद से परदा तो ढँका रहता है।

सरदार सुजानसिंह ने इन महानुभावों के आदर-सत्कार का बड़ा

अच्छा प्रबन्ध कर दिया था। लोग अपने-अपने कमरों में बैठे हुए रोजेदार मुसलमानों की तरह महीने के दिन गिना करते थे। हर एक मनुष्य अपने जीवन को अपनी बुद्धि के अनुसार अच्छे रूप में दिखाने की कोशिश करता था। मिस्टर अ नौ बजे दिन तक सोया करते थे, आजकल वे बग़ीचे में टहलते हुए ऊषा का दर्शन करते थे। मि. ब को हुक़्क़ा पीने की लत थी, आजकल बहुत रात गए किवाड़ बन्द करके अँधेरे में सिगार पीते थे। मि. द, स और ज से उनके घरों पर नौकरों की नाक में दम था, लेकिन ये सज्जन आजकल 'आप' और 'जनाब' के बग़ैर नौकरों से बातचीत नहीं करते थे। महाशय क नास्तिक थे, हक्सले के उपासक, मगर आजकल उनकी धर्मनिष्ठा देखकर मन्दिर के पुजारी को पदच्युत हो जाने की शंका लगी रहती थी! मि. ल को किताब से घृणा थी, परन्तु आजकल वे बड़े-बड़े ग्रंथ देखने-पढ़ने में डूबे रहते थे। जिससे बात कीजिए, वह नम्रता और सदाचार का देवता बना मालूम देता था। शर्मा जी घड़ी रात से ही वेद-मंत्र पढ़ने में लगते थे और मौलवी साहब को नमाज़ और तलावत के सिवा और कोई काम न था। लोग समझते थे कि एक महीने का झंझट है, किसी तरह काट लें, कहीं कार्य सिद्ध हो गया तो कौन पूछता है।

लेकिन मनुष्यों का वह बूढ़ा जौहरी आड़ में बैठा हुआ देख रहा था कि इन बगुलों में हंस कहाँ छिपा हुआ है।

3

एक दिन नए फैशनवालों को सूझी कि आपस में हाकी का खेल हो जाए। यह प्रस्ताव हाकी के मँजे हुए खिलाड़ियों ने पेश किया। यह भी तो आख़िर एक विद्या है। इसे क्यों छिपा रखें। सम्भव है, कुछ हाथों की सफ़ाई ही काम कर जाए। चलिए तय हो गया, फील्ड बन गई, खेल शुरू हो गया और गेंद किसी दफ़्तर के अप्रेंटिस की तरह ठोकरें खाने लगा।

रियासत देवगढ़ में यह खेल बिलकुल निराली बात थी। पढ़े-लिखे भलेमानुस लोग शतरंज और ताश जैसे गंभीर खेल खेलते थे। दौड़-कूद के खेल बच्चों के खेल समझे जाते थे।

खेल बड़े उत्साह से जारी था। धावे के लोग जब गेंद को लेकर तेज़ी से उड़ते तो ऐसा जान पड़ता था कि कोई लहर बढ़ती चली आती है। लेकिन दूसरी ओर के खिलाड़ी इस बढ़ती हुई लहर को इस तरह रोक लेते थे कि मानो लोहे की दीवार है।

संध्या तक यही धूमधाम रही। लोग पसीने से तर हो गए। ख़ून की गर्मी आँख और चेहरे से झलक रही थी। हाँफते-हाँफते बेदम हो गए, लेकिन हार-जीत का निर्णय न हो सका।

अँधेरा हो गया था। इस मैदान से ज़रा दूर हटकर एक नाला था। उस पर कोई पुल न था। पथिकों को नाले में से चलकर आना पड़ता था। खेल अभी बन्द ही हुआ था और खिलाड़ी लोग बैठे दम ले रहे थे कि एक किसान अनाज से भरी हुई गाड़ी लिए हुए उस नाले में आया। लेकिन कुछ तो नाले में कीचड़ था और कुछ उसकी चढ़ाई इतनी ऊँची थी कि गाड़ी ऊपर न चढ़ सकती थी। वह कभी बैलों को ललकारता, कभी पहियों को हाथ से ढकेलता लेकिन बोझ अधिक था और बैल कमज़ोर। गाड़ी ऊपर को न चढ़ती और चढ़ती भी तो कुछ दूर चढ़कर फिर खिसक कर नीचे पहुँच जाती। किसान बार-बार ज़ोर लगाता और बार-बार झुँझला कर बैलों को मारता, लेकिन गाड़ी उभरने का नाम न लेती। बेचारा इधर-उधर निराश होकर ताकता मगर वहाँ कोई सहायक नज़र न आता। गाड़ी को अकेले छोड़कर कहीं जा भी नहीं सकता। बड़ी आपत्ति में फँसा हुआ था। इसी बीच में खिलाड़ी हाथों में डंडे लिए घूमते-घामते उधर से निकले। किसान ने उनकी तरफ़ सहमी हुई आँखों से देखा, परन्तु किसी से मदद माँगने का साहस न हुआ। खिलाड़ियों ने भी उसको देखा मगर बन्द आँखों से, जिनमें सहानुभूति न थी। उनमें स्वार्थ था, मद था, मगर उदारता और वात्सल्य का नाम भी न था।

4

लेकिन उसी समूह में एक ऐसा मनुष्य था जिसके हृदय में दया थी और साहस था। आज हाकी खेलते हुए उसके पैरों में चोट लग गई थी। लँगड़ाता हुआ धीरे-धीरे चला आता था। अकस्मात् उसकी निगाह गाड़ी पर पड़ी।

ठिठक गया। उसे किसान की सूरत देखते ही सब बातें ज्ञात हो गईं। डंडा एक किनारे रख दिया। कोट उतार डाला और किसान के पास जाकर बोला—मैं तुम्हारी गाड़ी निकाल दूँ?

किसान ने देखा एक गठे हुए बदन का लम्बा आदमी सामने खड़ा है। झुककर बोला—हुजूर, मैं आपसे कैसे कहूँ? युवक ने कहा—मालूम होता है, तुम यहाँ बड़ी देर से फँसे हो। अच्छा, तुम गाड़ी पर जाकर बैलों को साधो, मैं पहियों को ढकेलता हूँ, अभी गाड़ी ऊपर चढ़ जाती है।

किसान गाड़ी पर जा बैठा। युवक ने पहिये को ज़ोर लगाकर उकसाया। कीचड़ बहुत ज़्यादा था। वह घुटने तक ज़मीन में गड़ गया, लेकिन हिम्मत न हारी। उसने फिर ज़ोर किया, उधर किसान ने बैलों को ललकारा। बैलों को सहारा मिला, हिम्मत बँध गई, उन्होंने क़न्धे झुकाकर एक बार ज़ोर किया तो गाड़ी नाले के ऊपर थी।

किसान युवक के सामने हाथ जोड़कर खड़ा हो गया। बोला—महाराज, आपने आज मुझे उबार लिया, नहीं तो सारी रात मुझे यहाँ बैठना पड़ता।

युवक ने हँसकर कहा—अब मुझे कुछ इनाम देते हो? किसान ने गम्भीर भाव से कहा—नारायण चाहेंगे तो दीवानी आपको ही मिलेगी।

युवक ने किसान की तरफ़ ग़ौर से देखा। उसके मन में एक सन्देह हुआ, क्या यह सुजानसिंह तो नहीं हैं? आवाज़ मिलती है, चेहरा-मोहरा भी वही। किसान ने भी उसकी ओर तीव्र दृष्टि से देखा। शायद उसके दिल के सन्देह को भाँप गया। मुस्कुराकर बोला—गहरे पानी में पैठने से ही मोती मिलता है।

5

निदान महीना पूरा हुआ। चुनाव का दिन आ पहुँचा। उम्मीदवार लोग प्रातःकाल ही से अपनी क़िस्मतों का फ़ैसला सुनने के लिए उत्सुक थे। दिन काटना पहाड़ हो गया। प्रत्येक के चेहरे पर आशा और निराशा के रंग आते थे। नहीं मालूम, आज किसके नसीब जागेंगे! न जाने किस पर लक्ष्मी की कृपादृष्टि होगी।

संध्या समय राजा साहब का दरबार सजाया गया। शहर के रईस और धनाढ्य लोग, राज्य के कर्मचारी और दरबारी तथा दीवानी के उम्मीदवारों का समूह, सब रंग-बिरंगी सज-धज बनाए दरबार में आ विराजे! उम्मीदवारों के कलेजे धड़क रहे थे।

जब सरदार सुजानसिंह ने खड़े होकर कहा—मेरे दीवानी के उम्मीदवार महाशयो! मैंने आप लोगों को जो कष्ट दिया है, उसके लिए मुझे क्षमा कीजिए। इस पद के लिए ऐसे पुरुष की आवश्यकता थी जिसके हृदय में दया हो और साथ-साथ आत्मबल। हृदय वह जो उदार हो, आत्मबल वह जो आपत्ति का वीरता के साथ सामना करे और इस रियासत के सौभाग्य से हमें ऐसा पुरुष मिल गया। ऐसे गुणवाले संसार में कम हैं और जो हैं, वे कीर्ति और मान के शिखर पर बैठे हुए हैं, उन तक हमारी पहुँच नहीं। मैं रियासत के पंडित जानकीनाथ-सा दीवान पाने पर बधाई देता हूँ।

रियासत के कर्मचारियों और रईसों ने जानकीनाथ की तरफ़ देखा। उम्मीदवार दल की आँखें उधर उठीं, मगर उन आँखों में सत्कार था, इन आँखों में ईर्ष्या।

सरदार साहब ने फिर फरमाया, आप लोगों को यह स्वीकार करने में कोई आपत्ति न होगी कि जो पुरुष स्वयं ज़ख़्मी होकर भी एक ग़रीब किसान की भरी हुई गाड़ी को दलदल से निकालकर नाले के ऊपर चढ़ा दे उसके हृदय में साहस, आत्मबल और उदारता का वास है। ऐसा आदमी ग़रीबों को कभी न सतावेगा। उसका संकल्प दृढ़ है जो उसके चित्त को स्थिर रखेगा। वह चाहे धोखा खा जाए, परन्तु दया और धर्म से कभी न हटेगा।

■

कफ़न

झोपड़े के द्वार पर बाप और बेटा दोनों एक बुझे हुए अलाव के सामने चुपचाप बैठे हुए हैं और अन्दर बेटे की जवान बीबी बुधिया प्रसव-वेदना

में पछाड़ खा रही थी। रह-रहकर उसके मुँह से ऐसी दिल हिला देने वाली आवाज़ निकलती थी, कि दोनों कलेजा थाम लेते थे। जाड़ों की रात थी, प्रकृति सन्नाटे में डूबी हुई, सारा गाँव अन्धकार में लय हो गया था।

घीसू ने कहा—मालूम होता है, बचेगी नहीं। सारा दिन दौड़ते हो गया, जा देख तो आ।

माधव चिढ़कर बोला—मरना ही तो है जल्दी मर क्यों नहीं जाती? देखकर क्या करूँ?

'तू बड़ा बेदर्द है बे! साल-भर जिसके साथ सुख-चैन से रहा, उसी के साथ इतनी बेवफाई!'

'तो मुझसे तो उसका तड़पना और हाथ-पाँव पटकना नहीं देखा जाता।'

चमारों का कुनबा था और सारे गाँव में बदनाम। घीसू एक दिन काम करता तो तीन दिन आराम करता। माधव इतना काम-चोर था कि आध घंटे काम करता तो घंटे भर चिलम पीता। इसलिए उन्हें कहीं मज़दूरी नहीं मिलती थी। घर में मुट्ठी-भर भी अनाज मौजूद हो, तो उनके लिए काम करने की क़सम थी। जब दो-चार फाके हो जाते तो घीसू पेड़ पर चढ़कर लकड़ियाँ तोड़ लाता और माधव बाज़ार से बेच लाता और जब तक वह पैसे रहते, दोनों इधर-उधर मारे-मारे फिरते। गाँव में काम की कमी न थी। किसानों का गाँव था, मेहनती आदमी के लिए पचास काम थे। मगर इन दोनों को उसी वक़्त बुलाते, जब दो आदमियों से एक का काम पाकर भी सन्तोष कर लेने के सिवा और कोई चारा न होता। अगर दोनों साधु होते, तो उन्हें सन्तोष और धैर्य के लिए, संयम और नियम की बिलकुल जरूरत न होती। यह तो इनकी प्रकृति थी। विचित्र जीवन था इनका! घर में मिट्टी के दो-चार बर्तन के सिवा कोई सम्पत्ति नहीं। फटे चीथड़ों से अपनी नग्नता को ढाँके हुए जिए जाते थे। संसार की चिन्ताओं से मुक्त क़र्ज़ से लदे हुए। गालियाँ भी खाते, मार भी खाते, मगर कोई गम नहीं। दीन इतने कि वसूली की बिलकुल आशा न रहने पर भी लोग इन्हें कुछ-न-कुछ क़र्ज़ दे देते थे। मटर, आलू की फ़सल में दूसरों के खेतों से मटर या आलू उखाड़ लाते और भून-भानकर खा लेते या दस-पाँच ऊख उखाड़ लाते और रात को चूसते। घीसू ने इसी आकाश-वृत्ति से

साठ साल की उम्र काट दी और माधव भी सपूत बेटे की तरह बाप ही के पद-चिह्नों पर चल रहा था, बल्कि उसका नाम और भी उजागर कर रहा था। इस वक़्त भी दोनों अलाव के सामने बैठकर आलू भून रहे थे, जो कि किसी खेत से खोद लाए थे। घीसू की स्त्री का तो बहुत दिन हुए, देहान्त हो गया था। माधव का ब्याह पिछले साल हुआ था। जब से यह औरत आई थी, उसने इस खानदान में व्यवस्था की नींव डाली थी और इन दोनों बे-गैरतों का दोजख भरती रहती थी। जब से वह आई, यह दोनों और भी आरामतलब हो गए थे। बल्कि कुछ अकड़ने भी लगे थे। कोई कार्य करने को बुलाता, तो निर्ब्याज भाव से दुगुनी मज़दूरी माँगते। वही औरत आज प्रसव-वेदना से मर रही थी और यह दोनों इसी इन्तज़ार में थे कि वह मर जाए, तो आराम से सोएँ।

घीसू ने आलू निकालकर छीलते हुए कहा—जाकर देख तो, क्या दशा है उसकी? चुड़ैल का फिसाद होगा, और क्या? यहाँ तो ओझा भी एक रुपया माँगता है!

माधव को भय था, कि वह कोठरी में गया, तो घीसू आलुओं का बड़ा भाग साफ़ कर देगा। बोला—मुझे वहाँ जाते डर लगता है।

'डर किस बात का है, मैं तो यहाँ हूँ ही।'

'तो तुम्हीं जाकर देखो न?'

'मेरी औरत जब मरी थी, तो मैं तीन दिन तक उसके पास से हिला तक नहीं; और फिर मुझसे लजाएगी कि नहीं? जिसका कभी मुँह नहीं देखा, आज उसका उघड़ा हुआ बदन देखूँ! उसे तन की सुध भी तो न होगी? मुझे देख लेगी तो खुलकर हाथ-पाँव भी न पटक सकेगी!'

'मैं सोचता हूँ कोई बाल-बच्चा हुआ, तो क्या होगा? सोंठ, गुड़, तेल, कुछ भी तो नहीं है घर में!'

'सब कुछ आ जाएगा। भगवान् दें तो! जो लोग अभी एक पैसा नहीं दे रहे हैं, वे ही कल बुलाकर रुपए देंगे। मेरे नौ लड़के हुए, घर में कभी कुछ न था; मगर भगवान् ने किसी-न-किसी तरह बेड़ा पार ही लगाया।'

जिस समाज में रात-दिन मेहनत करने वालों की हालत उनकी हालत से कुछ बहुत अच्छी न थी, और किसानों के मुक़ाबले में वे लोग, जो

किसानों की दुर्बलताओं से लाभ उठाना जानते थे, कहीं ज़्यादा सम्पन्न थे, वहाँ इस तरह की मनोवृत्ति का पैदा हो जाना कोई अचरज की बात न थी। हम तो कहेंगे, घीसू किसानों से कहीं ज़्यादा विचारवान् था और किसानों के विचार-शून्य समूह में शामिल होने के बदले बैठकबाज़ों की कुत्सित मंडली में जा मिला था। हाँ, उसमें यह शक्ति न थी, कि बैठकबाज़ों के नियम और नीति का पालन करता। इसलिए जहाँ उसकी मंडली के और लोग गाँव के सरगना और मुखिया बने हुए थे, उस पर सारा गाँव उँगली उठाता था। फिर भी उसे यह तसकीन तो थी ही कि अगर वह फटेहाल है तो कम-से-कम उसे किसानों की-सी जी-तोड़ मेहनत तो नहीं करनी पड़ती, और उसकी सरलता और निरीहता से दूसरे लोग बेजा फ़ायदा तो नहीं उठाते! दोनों आलू निकाल-निकालकर जलते-जलते खाने लगे। कल से कुछ नहीं खाया था। इतना सब्र न था कि ठंडा हो जाने दें। कई बार दोनों की ज़बानें जल गईं। छिल जाने पर आलू का बाहरी हिस्सा ज़बान, हलक और तालू को जला देता था और उस अंगारे को मुँह में रखने से ज़्यादा खैरियत इसी में थी कि वह अन्दर पहुँच जाए। वहाँ उसे ठंडा करने के लिए काफ़ी सामान थे। इसलिए दोनों जल्द-जल्द निगल जाते। हालाँकि इस कोशिश में उनकी आँखों से आँसू निकल आते।

घीसू को उस वक़्त ठाकुर की बरात याद आई, जिसमें बीस साल पहले वह गया था। उस दावत में उसे जो तृप्ति मिली थी, वह उसके जीवन में एक याद रखने लायक बात थी, और आज भी उसकी याद ताज़ी थी, बोला—वह भोज नहीं भूलता। तब से फिर उस तरह का खाना और भरपेट नहीं मिला। लड़की वालों ने सबको भर पेट पूड़ियाँ खिलाई थीं, सबको! छोटे-बड़े सबने पूड़ियाँ खाईं और असली घी की! चटनी, रायता, तीन तरह के सूखे साग, एक रसेदार तरकारी, दही, चटनी, मिठाई, अब क्या बताऊँ कि उस भोज में क्या स्वाद मिला, कोई रोक-टोक नहीं थी, जो चीज़ चाहो, माँगो, जितना चाहो, खाओ। लोगों ने ऐसा खाया, ऐसा खाया, कि किसी से पानी न पिया गया। मगर परोसने वाले हैं कि पत्तल में गर्म-गर्म, गोल-गोल सुवासित कचौड़ियाँ डाल देते हैं। मना करते हैं कि नहीं चाहिए, पत्तल पर हाथ रोके हुए हैं, मगर वह हैं कि दिए जाते

हैं। और जब सबने मुँह धो लिया, तो पान-इलायची भी मिली। मगर मुझे पान लेने की कहाँ सुध थी? खड़ा हुआ न जाता था। चटपट जाकर अपने कम्बल पर लेट गया। ऐसा दिल-दरियाव था वह ठाकुर!

माधव ने इन पदार्थों का मन-ही-मन मज़ा लेते हुए कहा—अब हमें कोई ऐसा भोज नहीं खिलाता।

'अब कोई क्या खिलाएगा? वह ज़माना दूसरा था। अब तो सबको किफायत सूझती है। सादी-ब्याह में मत ख़र्च करो, क्रिया-कर्म में मत ख़र्च करो। पूछो, गरीबों का माल बटोर-बटोरकर कहाँ रखोगे? बटोरने में तो कमी नहीं है। हाँ, ख़र्च में किफायत सूझती है!'

'तुमने एक बीस पूरियाँ खाई होंगी?'

'बीस से ज़्यादा खाई थीं!'

'मैं पचास खा जाता!'

'पचास से कम मैंने न खाई होंगी। अच्छा पक्का था। तू तो मेरा आधा भी नहीं है।'

आलू खाकर दोनों ने पानी पिया और वहीं अलाव के सामने अपनी धोतियाँ ओढ़कर पाँव पेट में डाले सो रहे। जैसे दो बड़े-बड़े अजगर गेंडुलिया मारे पड़े हों।

और बुधिया अभी तक कराह रही थी।

2

सबेरे माधव ने कोठरी में जाकर देखा, तो उसकी स्त्री ठंडी हो गई थी। उसके मुँह पर मक्खियाँ भिनक रही थीं। पथराई हुई आँखें ऊपर टँगी हुई थीं। सारी देह धूल से लथपथ हो रही थी। उसके पेट में बच्चा मर गया था।

माधव भागा हुआ घीसू के पास आया। फिर दोनों ज़ोर-ज़ोर से हाय-हाय करने और छाती पीटने लगे। पड़ोस वालों ने यह रोना-धोना सुना, तो दौड़े हुए आए और पुरानी मर्यादा के अनुसार इन अभागों को समझाने लगे।

मगर ज़्यादा रोने-पीटने का अवसर न था। कफ़न की और लकड़ी की फ़िक्र करनी थी। घर में तो पैसा इस तरह ग़ायब था, जैसे चील के घोंसले में मांस?

बाप-बेटे रोते हुए गाँव के ज़मींदार के पास गए। वह इन दोनों की सूरत से नफ़रत करते थे। कई बार इन्हें अपने हाथों से पीट चुके थे। चोरी करने के लिए, वादे पर काम पर न आने के लिए। पूछा—क्या है बे घिसुआ, रोता क्यों है? अब तो तू कहीं दिखलाई भी नहीं देता! मालूम होता है, इस गाँव में रहना नहीं चाहता।

घीसू ने ज़मीन पर सिर रखकर आँखों में आँसू भरे हुए कहा—सरकार! बड़ी विपत्ति में हूँ। माधव की घरवाली रात को गुज़र गई। रात-भर तड़पती रही सरकार! हम दोनों उसके सिरहाने बैठे रहे। दवा-दारू जो कुछ हो सका, सब कुछ किया, मुदा वह हमें दगा दे गई। अब कोई एक रोटी देने वाला भी न रहा मालिक! तबाह हो गए। घर उजड़ गया। आपका ग़ुलाम हूँ, अब आपके सिवा कौन उसकी मिट्टी पार लगाएगा। हमारे हाथ में तो जो कुछ था, वह सब तो दवा-दारू में उठ गया। सरकार ही की दया होगी, तो उसकी मिट्टी उठेगी। आपके सिवा किसके द्वार पर जाऊँ।

ज़मींदार साहब दयालु थे। मगर घीसू पर दया करना काले कम्बल पर रंग चढ़ाना था। जी में तो आया, कह दें, चल, दूर हो यहाँ से। यों तो बुलाने से भी नहीं आता, आज जब ग़रज़ पड़ी तो आकर ख़ुशामद कर रहा है। हरामखोर कहीं का, बदमाश! लेकिन यह क्रोध या दंड देने का अवसर न था। जी में कुढ़ते हुए दो रुपए निकालकर फेंक दिए। मगर सांत्वना का एक शब्द भी मुँह से न निकला। उसकी तरफ़ ताका तक नहीं। जैसे सिर का बोझ उतारा हो।

जब ज़मींदार साहब ने दो रुपए दिए, तो गाँव के बनिए-महाजनों को इनकार का साहस कैसे होता? घीसू ज़मींदार के नाम का ढिंढोरा भी पीटना जानता था। किसी ने दो आने दिए, किसी ने चारे आने। एक घंटे में घीसू के पास पाँच रुपए की अच्छी रक़म जमा हो गई। कहीं से अनाज मिल गया, कहीं से लकड़ी। और दोपहर को घीसू और माधव बाज़ार से कफ़न लाने चले। इधर लोग बाँस-वाँस काटने लगे।

गाँव की नर्मदिल स्त्रियाँ आ-आकर लाश देखती थीं और उसकी बेकसी पर दो बूँद आँसू गिराकर चली जाती थीं।

3

बाज़ार में पहुँचकर घीसू बोला—लकड़ी तो उसे जलाने-भर को मिल गई है, क्यों माधव!

माधव बोला—हाँ, लकड़ी तो बहुत है, अब कफ़न चाहिए।

'तो चलो, कोई हलका-सा कफ़न ले लें।'

'हाँ, और क्या! लाश उठते-उठते रात हो जाएगी। रात को कफ़न कौन देखता है?'

'कैसा बुरा रिवाज है कि जिसे जीते जी तन ढाँकने को चीथड़ा भी न मिले, उसे मरने पर नया कफ़न चाहिए।'

'कफ़न लाश के साथ जल ही तो जाता है।'

'और क्या रखा रहता है? यही पाँच रुपए पहले मिलते, तो कुछ दवा-दारू कर लेते।'

दोनों एक-दूसरे के मन की बात ताड़ रहे थे। बाज़ार में इधर-उधर घूमते रहे। कभी इस बजाज की दुकान पर गए, कभी उसकी दुकान पर! तरह-तरह के कपड़े, रेशमी और सूती देखे, मगर कुछ जँचा नहीं। यहाँ तक कि शाम हो गई। तब दोनों न जाने किस दैवी प्रेरणा से एक मधुशाला के सामने जा पहुँचे। और जैसे किसी पूर्व निश्चित व्यवस्था से अन्दर चले गए। वहाँ ज़रा देर तक दोनों असमंजस में खड़े रहे। फिर घीसू ने गद्दी के सामने जाकर कहा—साहूजी, एक बोतल हमें भी देना।

उसके बाद कुछ चिखौना आया, तली हुई मछली आई और दोनों बरामदे में बैठकर शान्तिपूर्वक पीने लगे।

कई कुज्जियाँ ताबड़तोड़ पीने के बाद दोनों सरूर में आ गए।

घीसू बोला—कफ़न लगाने से क्या मिलता? आख़िर जल ही तो जाता। कुछ बहू के साथ तो न जाता।

माधव आसमान की तरफ़ देखकर बोला, मानों देवताओं को अपनी

निष्पापता का साक्षी बना रहा हो—दुनिया का दस्तूर है, नहीं लोग बाँभनों को हज़ारों रुपए क्यों दे देते हैं? कौन देखता है, परलोक में मिलता है या नहीं!

'बड़े आदमियों के पास धन है, फूँके। हमारे पास फूँकने को क्या है?'

'लेकिन लोगों को जवाब क्या दोगे? लोग पूछेंगे नहीं, कफ़न कहाँ है?'

घीसू हँसा—अबे, कह देंगे कि रुपए कमर से खिसक गए। बहुत ढूँढ़ा, मिले नहीं। लोगों को विश्वास न आएगा, लेकिन फिर वही रुपए देंगे।

माधव भी हँसा—इस अनपेक्षित सौभाग्य पर। बोला—बड़ी अच्छी थी बेचारी! मरी तो ख़ूब खिला-पिलाकर!

आधी बोतल से ज़्यादा उड़ गई। घीसू ने दो सेर पूड़ियाँ मँगाईं। चटनी, अचार, कलेजियाँ। शराबख़ाने के सामने ही दुकान थी। माधव लपककर दो पत्तलों में सारे सामान ले आया। पूरा डेढ़ रुपया ख़र्च हो गया। सिर्फ़ थोड़े से पैसे बच रहे।

दोनों इस वक़्त इस शान में बैठे पूड़ियाँ खा रहे थे जैसे जंगल में कोई शेर अपना शिकार उड़ा रहा हो। न जवाबदेही का ख़ौफ़ था, न बदनामी की फ़िक्र। इन सब भावनाओं को उन्होंने बहुत पहले ही जीत लिया था।

घीसू दार्शनिक भाव से बोला—हमारी आत्मा प्रसन्न हो रही है तो क्या उसे पुन्न न होगा?

माधव ने श्रद्धा से सिर झुकाकर तसदीक़ की—जरूर-से-जरूर होगा। भगवान्, तुम अंतर्यामी हो। उसे बैकुंठ ले जाना। हम दोनों हृदय से आशीर्वाद दे रहे हैं। आज जो भोजन मिला वह कभी उम्र-भर न मिला था।

एक क्षण के बाद माधव के मन में एक शंका जागी। बोला—क्यों दादा, हम लोग भी एक-न-एक दिन वहाँ जाएँगे ही?

घीसू ने इस भोले-भाले सवाल का कुछ उत्तर न दिया। वह परलोक की बातें सोचकर इस आनन्द में बाधा न डालना चाहता था।

'जो वहाँ हम लोगों से पूछे कि तुमने हमें कफ़न क्यों नहीं दिया तो क्या कहोगे?'

'कहेंगे तुम्हारा सिर!'

'पूछेगी तो जरूर!'

'तू कैसे जानता है कि उसे कफ़न न मिलेगा? तू मुझे ऐसा गधा समझता है? साठ साल क्या दुनिया में घास खोदता रहा हूँ? उसको कफ़न मिलेगा और बहुत अच्छा मिलेगा!'

माधव को विश्वास न आया। बोला—कौन देगा? रुपए तो तुमने चट कर दिए। वह तो मुझसे पूछेगी। उसकी माँग में तो सेंदुर मैंने डाला था।

'कौन देगा, बताते क्यों नहीं?'

'वही लोग देंगे, जिन्होंने अबकी दिया। हाँ, अबकी रुपए हमारे हाथ न आएँगे।'

'ज्यों-ज्यों अँधेरा बढ़ता था और सितारों की चमक तेज़ होती थी, मधुशाला की रौनक भी बढ़ती जाती थी। कोई गाता था, कोई डींग मारता था, कोई अपने संगी के गले लिपटा जाता था। कोई अपने दोस्त के मुँह में कुल्हड़ लगाए देता था।

वहाँ के वातावरण में सरूर था, हवा में नशा। कितने तो यहाँ आकर एक चुल्लू में मस्त हो जाते थे। शराब से ज़्यादा यहाँ की हवा उन पर नशा करती थी। जीवन की बाधाएँ यहाँ खींच लाती थीं और कुछ देर के लिए यह भूल जाते थे कि वे जीते हैं या मरते हैं। या न जीते हैं, न मरते हैं।

और यह दोनों बाप-बेटे अब भी मजे ले-लेकर चुसकियाँ ले रहे थे। सबकी निगाहें इनकी ओर जमी हुई थीं। दोनों कितने भाग्य के बली हैं! पूरी बोतल बीच में है।

भरपेट खाकर माधव ने बची हुई पूड़ियों का पत्तल उठाकर एक भिखारी को दे दिया, जो खड़ा इनकी ओर भूखी आँखों से देख रहा था। और देने के गौरव, आनन्द और उल्लास का अपने जीवन में पहली बार अनुभव किया।

घीसू ने कहा—ले जा, ख़ूब खा और आशीर्वाद दे! जिसकी कमाई है, वह तो मर गई। मगर तेरा आशीर्वाद उसे जरूर पहुँचेगा। रोएँ-रोएँ से आशीर्वाद दो, बड़ी गाढ़ी कमाई के पैसे हैं!

माधव ने फिर आसमान की तरफ़ देखकर कहा—वह बैकुंठ में जाएगी दादा, बैकुंठ की रानी बनेगी।

घीसू खड़ा हो गया और जैसे उल्लास की लहरों में तैरता हुआ बोला—हाँ, बेटा बैकुंठ में जाएगी। किसी को सताया नहीं, किसी को

दबाया नहीं। मरते-मरते हमारी ज़िन्दगी की सबसे बड़ी लालसा पूरी कर गई। वह न बैकुंठ जाएगी तो क्या ये मोटे-मोटे लोग जाएँगे, जो गरीबों को दोनों हाथों से लूटते हैं, और अपने पाप को धोने के लिए गंगा में नहाते हैं और मन्दिरों में जल चढ़ाते हैं?

श्रद्धालुता का यह रंग तुरन्त ही बदल गया। अस्थिरता नशे की खासियत है। दु:ख और निराशा का दौरा हुआ।

माधव बोला—मगर दादा, बेचारी ने ज़िन्दगी में बड़ा दु:ख भोगा। कितना दु:ख झेलकर मरी!

वह आँखों पर हाथ रखकर रोने लगा। चीख़ें मार-मारकर।

घीसू ने समझाया—क्यों रोता है बेटा, ख़ुश हो कि वह माया-जाल से मुक्त हो गई, जंजाल से छूट गई। बड़ी भाग्यवान थी, जो इतनी जल्द माया-मोह के बन्धन तोड़ दिए।

और दोनों खड़े होकर गाने लगे—

'ठगिनी क्यों नैना झमकावे! ठगिनी।'

पियक्कड़ों की आँखें इनकी ओर लगी हुई थीं और यह दोनों अपने दिल में मस्त गाए जाते थे। फिर दोनों नाचने लगे। उछले भी, कूदे भी। गिरे भी, मटके भी। भाव भी बताए, अभिनय भी किए। और आख़िर नशे में मदमस्त होकर वहीं गिर पड़े।

■